Pierre Tiquet

La *Flak* de la Hohenstaufen

9.SS-Panzer-Division

HEIMDAL

Introduction

Ce volume est une chronique de la Flak de la *9.SS-Panzer-Division «Hohenstaufen»*. Il a été constitué par Pierre Tiquet, grâce à des témoignages et des albums photographiques des vétérans, plus particulièrement celui de Robert Stemberger (qu'on retrouve près de sa moto page 42), qui a fourni une grosse partie de l'iconographie de cette chronique. Signalons les photos de Paul Greinke (une quinzaine), Ludwig Berger (deux sur cette page), Ludwig Baumgarten (trois photos, dont celle de la pièce de Flak prise à Poperinge et les extraits de son *Soldbuch*). En ce qui concerne les témoignages, notons surtout celui de Helmut Semmler concernant la Bataille des Ardennes, mais aussi ceux de Dieter Ingold et de Robert Stemberger. Le rappel historique a été établi par Pierre Tiquet et court au fil de cette chronique. Ce projet a été mis en œuvre par Stephan Cazenave, réalisé par Georges Bernage, avec la participation de Charles Trang.

Georges Bernage
Damigny, le 21 juin 2012

Quelques-uns des vétérans qui ont contribué à l'élaboration de cette chronique :
1. Paul Greinke.
2. Ludwig Baumgarten.
3. Helmut Semmler.
4. Ludwig Berger.
5. Ludwig Berger sur sa moto, on remarque l'emblème de la division sur le side.

Toutes les photos proviennent de la collection Pierre Tiquet, à l'exception des cartes et des photos notées Herbert Fürbringer et des profils de Thierry Vallet.

- Ouvrage écrit par Pierre Tiquet, conçu par Georges Bernage
- Maquette : Georges Bernage et Erik Groult
- Rédaction graphique : Christel Lebret
- Prépresse : Harald Mourreau
- Profils : Thierry Vallet

Editions Heimdal
Château de Damigny - BP 61350 - 14406 BAYEUX Cedex
Tél. : 02.31.51.68.68 - Fax : 02.31.51.68.60 - E-mail : Editions.Heimdal@wanadoo.fr

Copyright Heimdal 2012. La loi du 11 mars 1957 n'autorisant, aux termes dese alinéas 2 et 3 de l'article 4, d'une part, que les « copies ou reproductions strictement réservées à l'usage privé du copiste et non destinées à une utilisation collective » et, d'autre part, que les analyses et les courtes citations dans un but d'exemple et d'illustrations, « toute reproduction ou représentation intégrale, ou partielle, faite sans le consentement de l'auteur ou de ses ayants droit ou ayants cause, est illicite. Cette représentation, par quelque procédé que ce soit, constituerait donc une contrefaçon sanctionnée par les articles 425 et suivants du code pénal.

ISBN 978-2-84048-326-7

Entraînement avec la pièce de 2cm Flak 38 au sein de la *14.(Flak) Kp./SS-Pz.Gren.Rgt. 19.*

Cette étude présente l'historique de l'unité de Flak de la *Hohenstaufen* avec ses différents engagements. Elle est accompagnée de quelques souvenirs de vétérans m'ayant retracé leur parcours. Ceci nous donne un aperçu de ce qu'ont pu vivre ces soldats pris dans la tourmente de la guerre. Leur combat est différent de celui du fantassin classique, peut-être moins héroïque mais non moins épique, les pertes aériennes alliées et soviétiques sont importantes et dues en partie à la ténacité des équipes de Flak. Les photos qui suivent montrent bien l'entraînement et le chemin suivi par un membre de la Flak légère (2cm).

Pierre Tiquet

Flak Hohenstaufen

La formation de la *SS-Flak-Abteilung 9 « Hohenstaufen »* prit corps en janvier 1943 à partir de l'*Ersatz* (unité de dépôt) *SS-Flak-Abteilung Arolsen*. La 4ᵉ Batterie (3,7cm), sous le commandement du *SS-Obersturmführer* Hayler, fut formée à **Mengeringhausen**. Quatre cinquième de l'effectif était composé de nouvelles recrues, donc une *Abteilung* de jeunes hommes.

Après les premiers temps d'instruction suit le chargement et le transport pour la France. Au terrain d'entraînement à **Mailly-le-Camp**, à l'est de Paris, la formation peut continuer et s'achever. Le matériel encore manquant est enfin perçu. Les chefs de pièces et le personnel du matériel de mesure de distance viennent de la *Luftwaffe*. L'entraînement sur des cibles aériennes se poursuit à **Epernay** puis l'unité rejoint le reste de la division dans la région d'**Amiens**.

L'organisation de l'*Abteilung* se décline ainsi à cette époque :

- Kommandeur de l'*Abteilung* : *SS-Hauptsturmführer* Eimann

Adjutant de l'*Abt.* : *SS-Obersturmführer* Schindler

A disposition pour emploi particulier : *SS-Hauptsturmführer* von Truchsess

Chef de la Batterie de Commandement : *SS-Hauptsturmführer* Lindner

- Chef de la **1ʳᵉ Batterie** (8,8cm) : *SS-Hauptsturmführer* Seiler

- Chef de la **2ᵉ Batterie** (8,8cm) : *SS-Obersturmführer* Wunderlich

Officier de Batterie : *SS-Untersturmführer* Albrecht

Officier de la télémétrie : *SS-Untersturmführer* Nachtigall

Chef d'équipe de batterie : *SS-Oberscharführer* Sauer

Chef de troupe Flak légère : *SS-Unterscharführer* Bredemann

Chef d'équipe de batterie : *SS-Unterscharführer* Deuss

- Chef de la **3ᵉ Batterie** : (8,8cm) : *SS-Hauptsturmführer* Schäfer

Officier de Batterie : *SS-Untersturmführer* Eberhard

Officier de mesures : *SS-Untersturmführer* Feige

Chef de l'approvisionnement : *SS-Unterscharführer* Prauschke

- Chef de la **4ᵉ Batterie** (3,7cm) : *SS-Obersturmführer* Hayler

SS-Flak-Abteilung 9
KStN 1705 (f.G.)

Stab

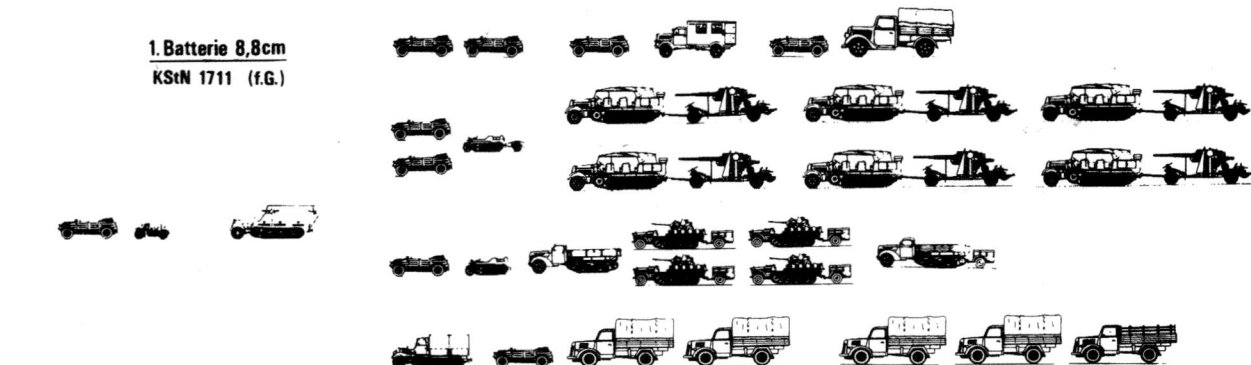

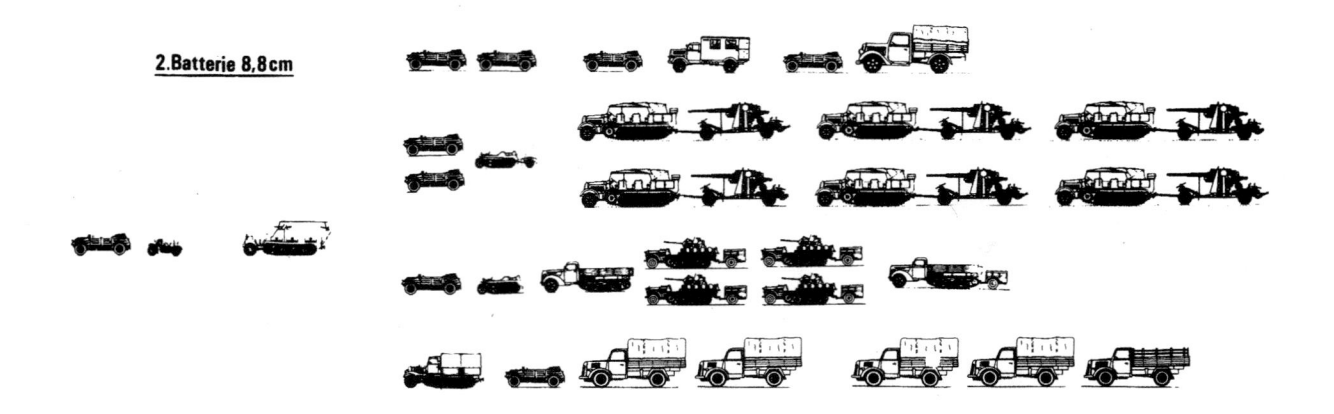

Stabs-Batterie

1. Batterie 8,8 cm
KStN 1711 (f.G.)

2. Batterie 8,8 cm

3. Batterie 8,8cm

4. Batterie 3,7cm
KStN 1712 (f.G.)

14.(Flak)-Kompanie

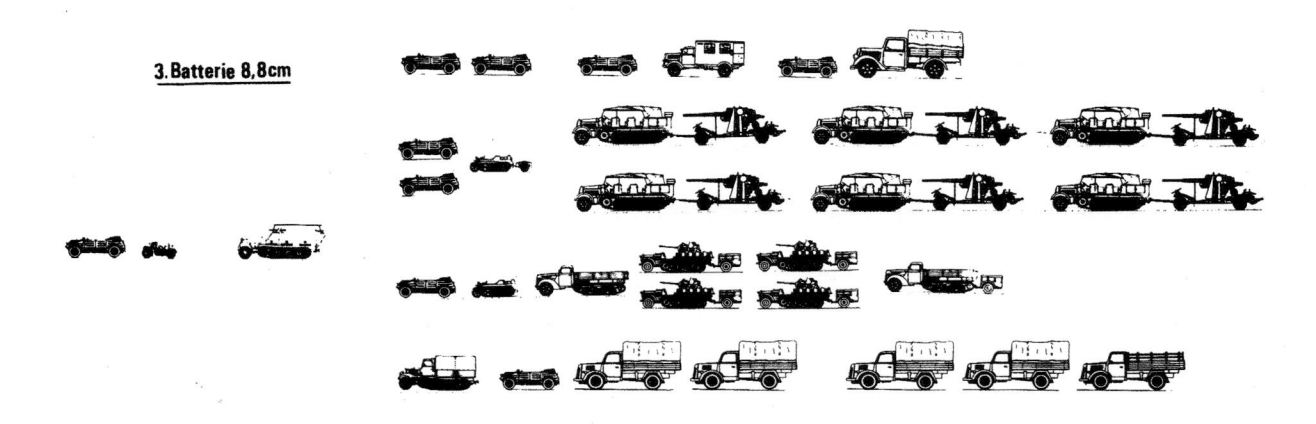

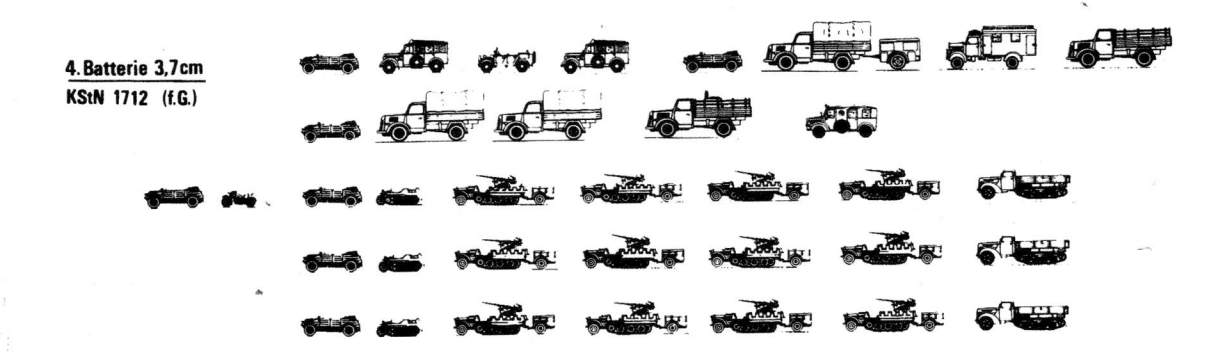

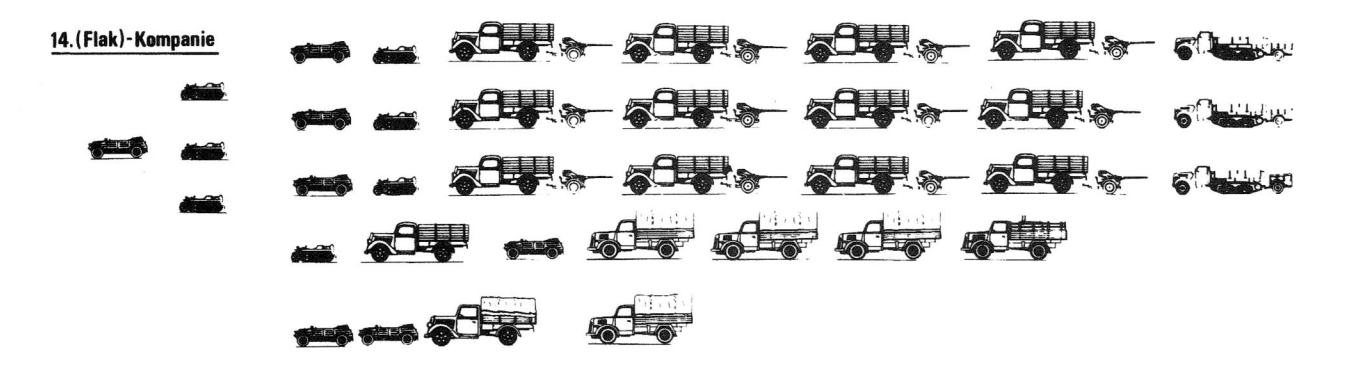

Organigramme des unités de Flak de la Division « *Hohenstaufen* » : *SS-Flak-Abteilung 9, 14.(Flak)-Kompanie*, une pour chacun des deux régiments de grenadiers. (Herbert Fürbringer/Heimdal.)

Ci-dessus : Hiver 1943 - Aperçu de la cour de la caserne d'Arolsen où plusieurs formations de Flak de la Waffen-SS ont été formées, en particulier la *SS-Fla-MG-Abteilung*, ancêtres de ces dernières. Ici, une pièce de 8,8 cm est en postion au milieu de la cour de la caserne.

Ci-dessous : Robert Stemberger à la caserne d'Arolsen. La plupart des photographies de cet ouvrage sont issues de son album personnel. Il appartenait à la *14.(Flak) Kp./SS-Pz.Gren.Rgt. 19*.

Les jeunes soldats vont s'initier au maniement des pièces antiaériennes.

Ci-contre : lors de l'instruction avec des véhicules Krupp-Protze et à Chartres avec un char Renault FT17.

Autres unités de Flak rattachées à la Division :
- 14ᵉ Kompanie de Flak rattachée au Régiment 19
- 14ᵉ Kompanie de Flak rattachée au Régiment 20
- un *Flak-Zug* (3,7 cm) rattaché au Bataillon de ravitaillement
- trois équipes de *Flak-Vierling 2 cm* rattachées au Régiment d'artillerie de la Division

Pratiquement fin juillet 1943, la *Flak-Abteilung* de la *Hohenstaufen* est engagée pour la première fois en défense aérienne. La 1ʳᵉ Batterie, qui était en poste sur le terrain d'aviation d'Amiens, subit ses premières pertes suite à une attaque de ses positions par l'aviation alliée. Ensuite, une attaque sur le nœud ferroviaire de Longue près d'Amiens peut être contrée par la 2ᵉ Batterie et les jeunes recrues ont leur épreuve du feu sous la direction de leur chef, l'*Obersturmführer* Wunderlich. Lors de cette attaque, des dépôts de ravitaillement sont détruits par le bombardement.

(suite page 32)

7

Kompanie Haiber, **23 mai 1943**.

Ce reportage nous montre quelques instants de la vie militaire de l'*Einheit Haiber* le 23 mai 1943. Ici le traditionnel nettoyage d'arme en tenue de treillis dans les chambrées.

La formation est rude sous l'autorité des sous-officiers, avec ordre serré, gardes, inspection.

Ci-contre : un *Spiess* (adjudant de compagnie), reconnaissable à la cordelette de son sifflet, arbore deux décorations non militaires, sportives, rappelant son affectation précédente à la SA.

Ci-dessous : les jeunes recrues présentent les semelles de leurs bottes au *Spiess*, le *SS-Hauptscharführer* Beutel. On notera la cordelette de son sifflet dépassant de la poche de sa vareuse. Notez le modèle de tête de mort sur la casquette.

Ci-dessus : nous retrouvons ici le *SS-Haupts,charführer* Beutel, adjudant de compagnie, aperçu à la page précédente, instruisant des jeunes recrues.

Ci-dessous : compagnie d'instruction à Bad Arolsen.

Page ci-contre : veste croisée blanche. Nous remarquons qu'ils portent la bande de bras *Hohenstaufen*. Ces photos ont été prises en 1943 lors d'un repas en Belgique, dans la région de Poperinge.

Repas en Belgique, région de Poperinge, **1943**.

Deux autres clichés présentant la *Feldjacke* croisée blanche.

Entraînement au tir réel à Epernay. On remarquera que l'exercice s'effectue avec des grenades ovoïdes (défensives) et non à manche.

Instruction au tir au canon de 2cm Flak 38. Il s'agit alors de la pièce antiaérienne légère standard de l'armée allemande. Elle a remplacé le 2cm Flak 30. A noter qu'il s'agit ici de pièces tractées et non automotrices et que les instructeurs appartiennent à la *Luftwaffe*.

14

Suite du reportage montrant l'entraînement au tir réel à Epernay. Les jeunes artilleurs sont instruits sur la pièce de Flak de 2 cm.

Ci-dessous à gauche : l'officier reconnaissable à ses lunettes est le *SS-Untersturmführer* Hoffmann. Il porte ses jumelles sur le ventre pour observer le tir de ses jeunes recrues.

1. Un affût de 2 cm est en position sur un immeuble à Poperinge en Belgique.
2. et **3.** Tirs d'exercice.
4. Nous retrouvons ici l'*Ustuf.* Hoffmann reconnaissable à ses lunettes.
5. Exercice sur le terrain.

L'instruction se poursuit à Epernay. Nous remarquons ci-dessus un *Flakvierling* (pièce de Flak de 20 mm (2 cm) quadruple) sur tracteur semi-chenillé Sd.Kfz. 7/1. On remarquera le signe tactique peint sur l'aile du véhicule ci-dessous. Ce dernier appartient à la *14.Kp/SS-Pz.Gren.Rgt. 1 (19)* de la division.

Nous suivons ici la fin de l'instruction sur pièces de Flak de 2 cm en septembre 1943 dans la région d'Amiens et de Marquise.

Un soin tout particulier a été apporté aux techniques de camouflage, primordiales en raison de la supériorité aérienne des Alliés.

Un Kübelwagen Kfz.1 s'est garé en bord de la route afin de laisser assez de place au gros tracteur semi-chenillé Sd.Kfz 7/1 aperçu précédemment. La voiture lourde se trouvant derrière a fait de même.

Moment de détente à l'issue de l'instruction. On notera les tenues camouflées qui ont été distribuées aux soldats des compagnies de Flak des deux régiments de *Panzergrenadiere*. En effet, leurs pièces sont autant destinées à l'appui au sol qu'à la défense antiaérienne.

Belle vue d'un 2cm Flak 38 en position de tir.

L'avant d'un *Sonder-Kraftfahrzeug 10/4 (Sd.Kfz 10/4)* de marque Demag, tracteur d'une tonne semi-chenillé, pouvant gravir une pente de 24° grâce à son moteur Maybach. Ce modèle est équipé d'une pièce de Flak 38. On distingue à gauche le signe tactique du groupe de Flak et à droite l'emblème de la « *Hohenstaufen* ».

Sur la vue de la page ci-contre, nous voyons comment la pièce de Flak est installée dans l'habitacle. (Illustrations : Thierry Vallet.)

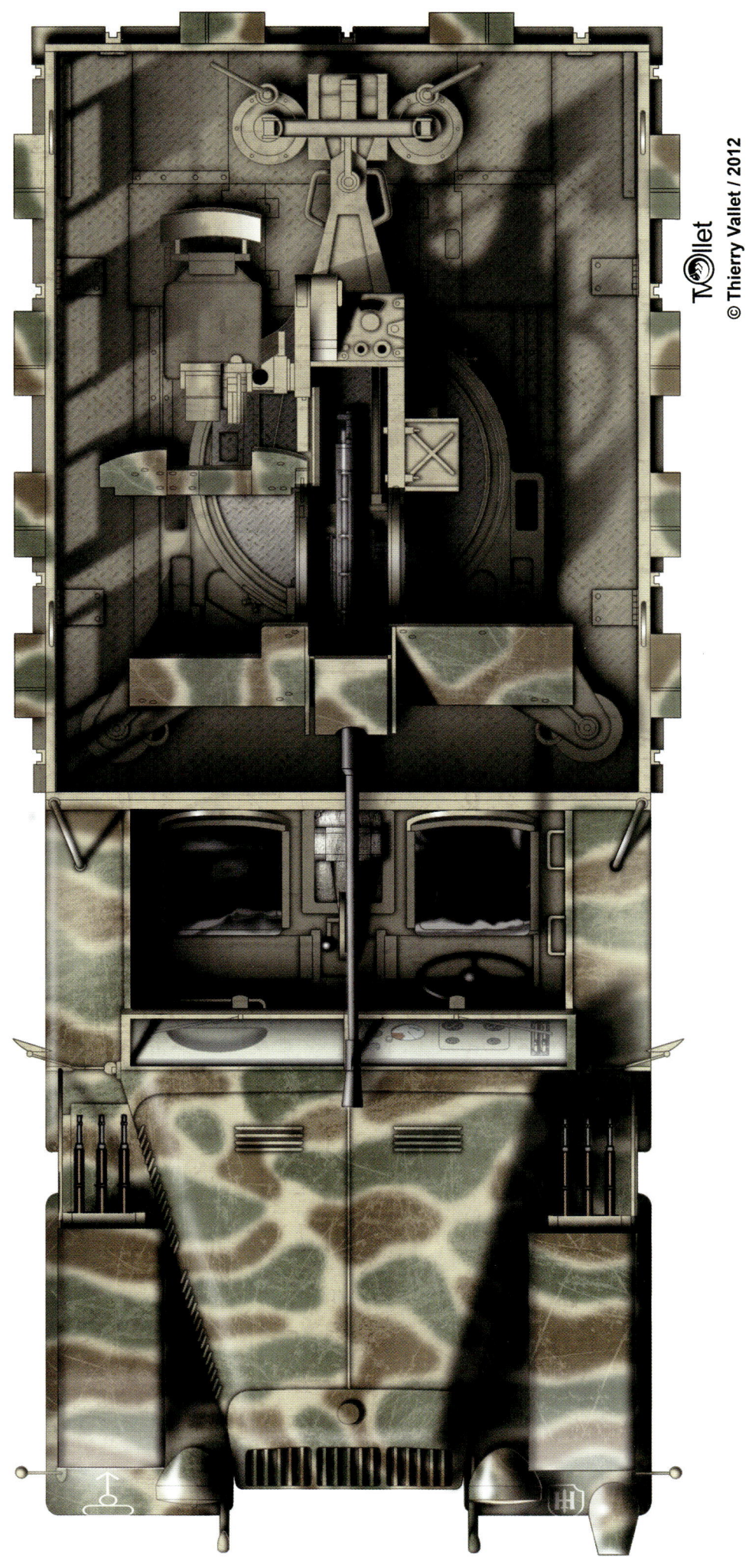

© Thierry Vallet / 2012

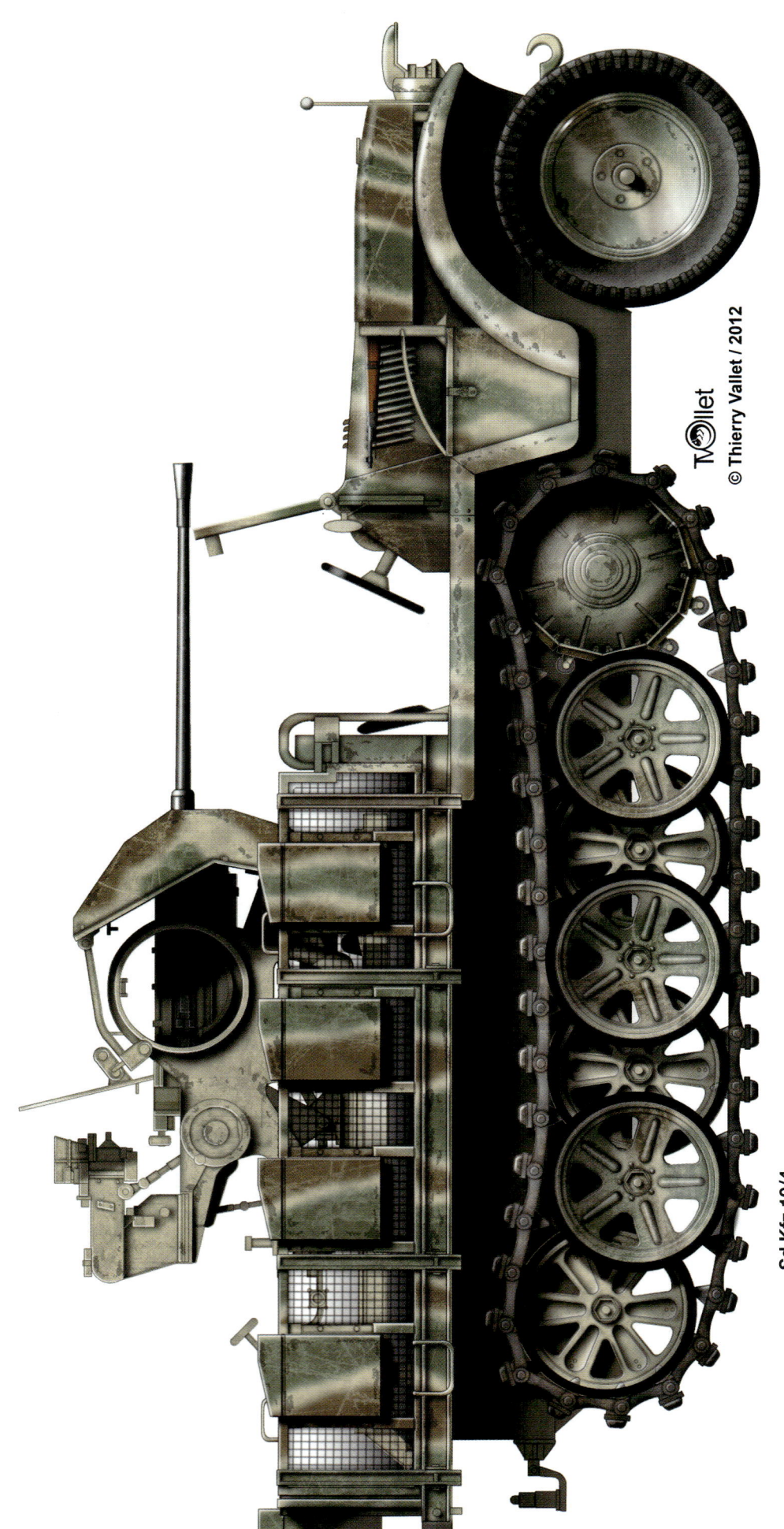

Sd.Kfz 10/4

© Thierry Vallet / 2012

© Thierry Vallet / 2012

Sd.Kfz 10/4

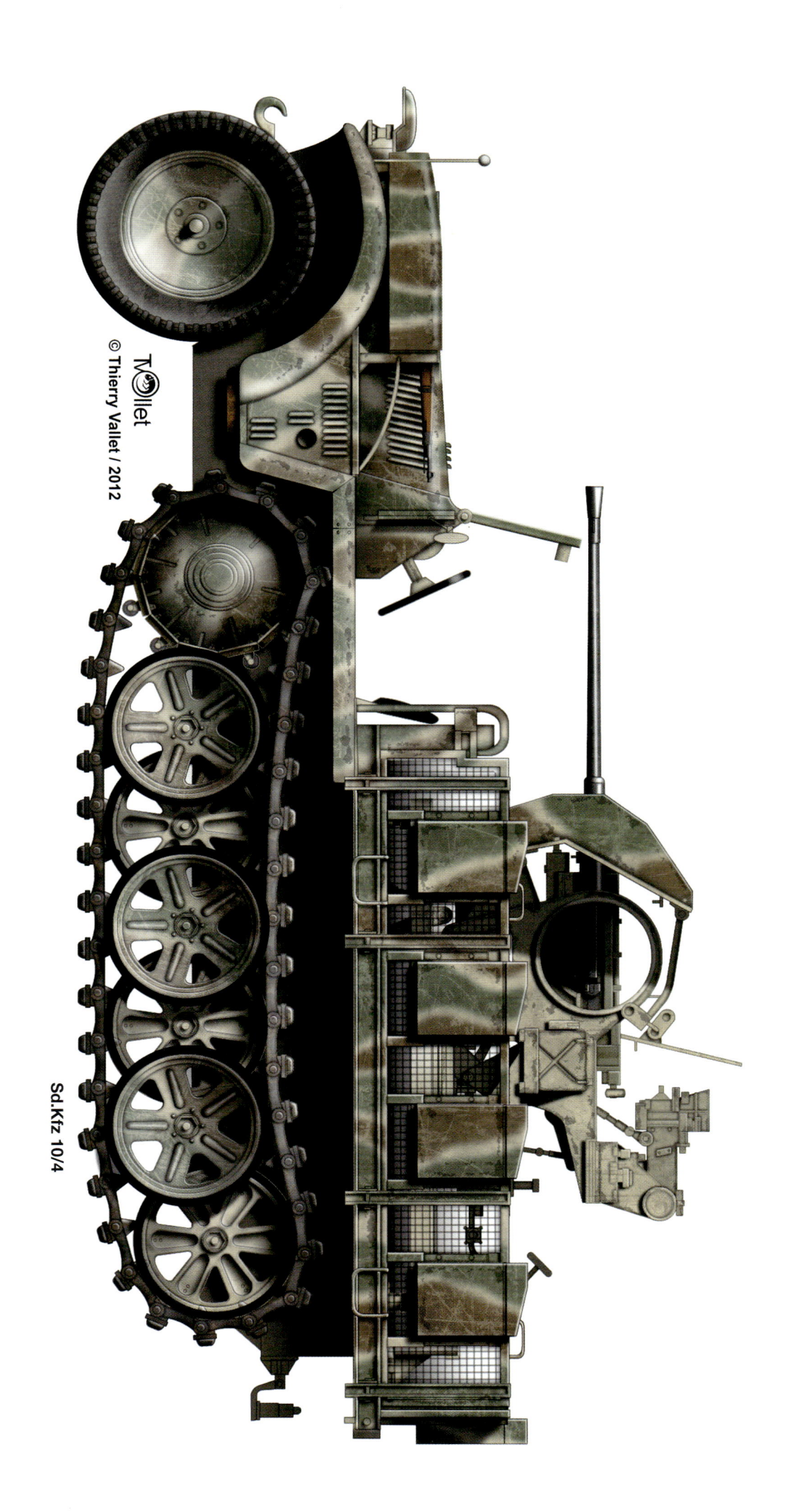

L'arrière du Sd.Kfz 10/4. C'est alors le plus léger des tracteurs semi-chenillés. Les autres modèles sont le Sd.Kfz 11 (3 tonnes), le Sd.Kfz 6 (5 tonnes), le Sd.Kfz 7 (8 tonnes), le Sd.Kfz 8 (12 tonnes) et le Sd.Kfz 9 (18 tonnes) FAMO pour les pièces lourdes. On distingue à nouveau le signe tactique d'une *Flak-Abteilung* et l'emblème de la division. (Illustration Thierry Vallet.)

Le Sd.Kfz 7 avec sa pièce de 3,7 cm Flak 36 disposant d'un bouclier de protection. Cette pièce équipe la 4e Batterie de la *SS-Flak-Abteilung 9*, qui dispose de douze engins de ce type. (Illustration Thierry Vallet.)

25

8,8 cm Flugabwehrkanone

La division dispose de 18 canons de 8,8cm L/56 (Flak 36) répartis au sein des trois premières batteries de la *SS-Flak-Abteilung 9*, soit 6 pièces par batterie. C'est un canon remarquable, non seulement en raison de ses performances, mais aussi parce qu'il est polyvalent. Outre son rôle principal, à savoir la défense antiaérienne contre les avions ennemis volant à haute altitude, il se révèle aussi très efficace dans la lutte antichar malgré une silhouette assez haute. C'est ainsi que la *SS-Flak-Abteilung 9* détruira un grand nombre de chars alliés devant Cambrai lors du *Rückmarsch*.

© Thierry Vallet / 2012

1 et **2.** Cantonnement dans la région d'Abbeville. Les hommes de la compagnie de Flak *(14./19)* ont décoré avec des motifs peints deux de leurs baraquements, l'un avec une tête de mort et des runes SS, l'autre avec deux panneaux carrés peints d'une tête de mort pour rappeler qu'ils appartiennent à la Waffen-SS.

3. L'adjudant de compagnie, le *SS-Hauptscharführer* Beutel, se restaure, l'heure n'est pas encore au combat.

4. La *Schreibstube* (bureau des secrétaires de combat) au travail. Tous les documents concernant la compagnie (ou la batterie) passent par ce bureau, permettant le suivi des hommes et de l'unité en toute circonstance.

1. L'*Ustuf.* Steinschulte s'entretient avec un autre officier qui conduit son véhicule de service. Cet officier ne restera pas longtemps à la division.

2. Deux *Schütze*, déjà âgés, posent devant leur véhicule Mercedes. Vu leur âge, ils ont été affectés aux services annexes de la division dont la poste aux armées. Leur véhicule l'atteste puisqu'il porte la plaque RP pour *Reichspost*.

3 et **4.** Exercice sur le terrain, le semi-chenillé démontre ses performances.

5. L'*Uscha.* Toni Fliri, un Tyrolien du Sud, vient de recevoir le KVK. Il porte aussi l'*Ostmedaille*. Il était très apprécié pour sa gentillesse.

Trois photos d'un temps de repos après un exercice de la Flak Hohenstaufen, on distingue, à l'abri des tentes camouflées Waffen-SS, des officiers et un *Hauptscharführer*, le *Sturmbannführer* vient d'une unité de fantassins de la *Hohenstaufen* ; il est venu rendre visite à ses voisins. Ceci est le moment de boire une bonne bouteille et de chanter, accompagné par l'accordéon qui est l'instrument préféré des soldats allemands tout au long du conflit.

1. Ludwig Baungarten est *SS-Sturmmann* sur cette photo, titulaire de la Croix de fer de IIe classe et de l'insigne des blessés « noir ».

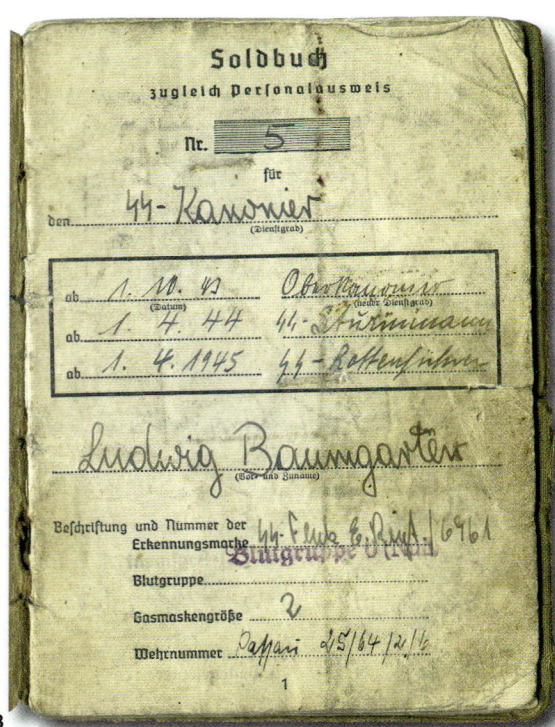

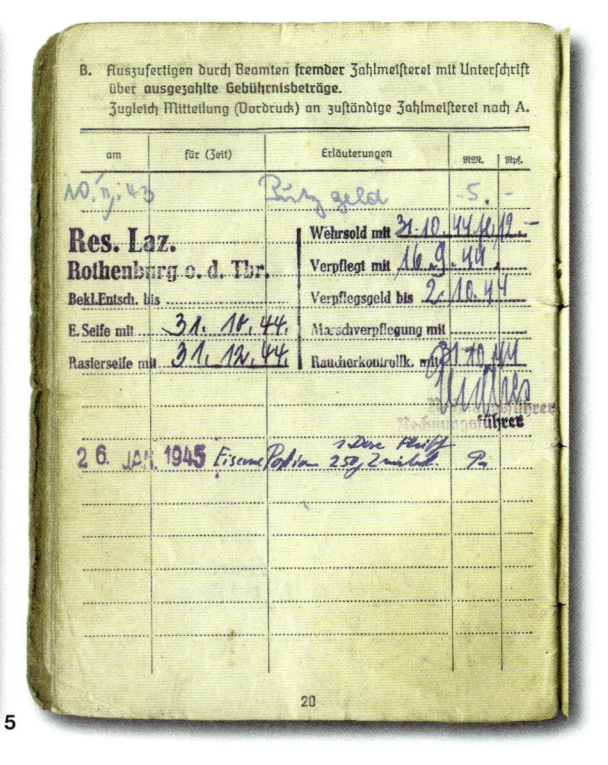

2. Sa photo agrafée au dos de la couverture de son *Soldbuch*. Nous remarquons sa signature en deux versions : en gothique manuscrit *(Fraktur)* sous la photo puis dans la graphie « romane » universelle sur la photo.

3. Voici maintenant la page 1 de son *Soldbuch*. Sa signature est à nouveau présente avec mention de son unité d'incorporation : le *SS-Flak-Ersatz-Regiment/6961*. Il est *Oberkanonier* le 1er novembre 1943, *SS-Sturmmann* le 1er avril 1944 et *SS-Rottenführer* le 1er avril 1945.

4. La deuxième page note qu'il est né le 17 avril 1925 à Kammensdorf en Basse-Bavière et qu'il est catholique. Il travaillait dans la banque, mesure 1,705, est châtain foncé et a les yeux bleus. Il chausse du 42. Le 23 juin 1943, il se trouve à Wildflecken au sein de la *6./Flak-(Ersatz)-Regiment*.

5. La page 20 note des soldes versées par des services extérieurs à son unité. On apprend ainsi que, suite à sa blessure, il se trouvait à l'hôpital de Rothenburgob der Tauber, dans le nord de la Bavière, du 16 septembre au 2 octobre 1944.

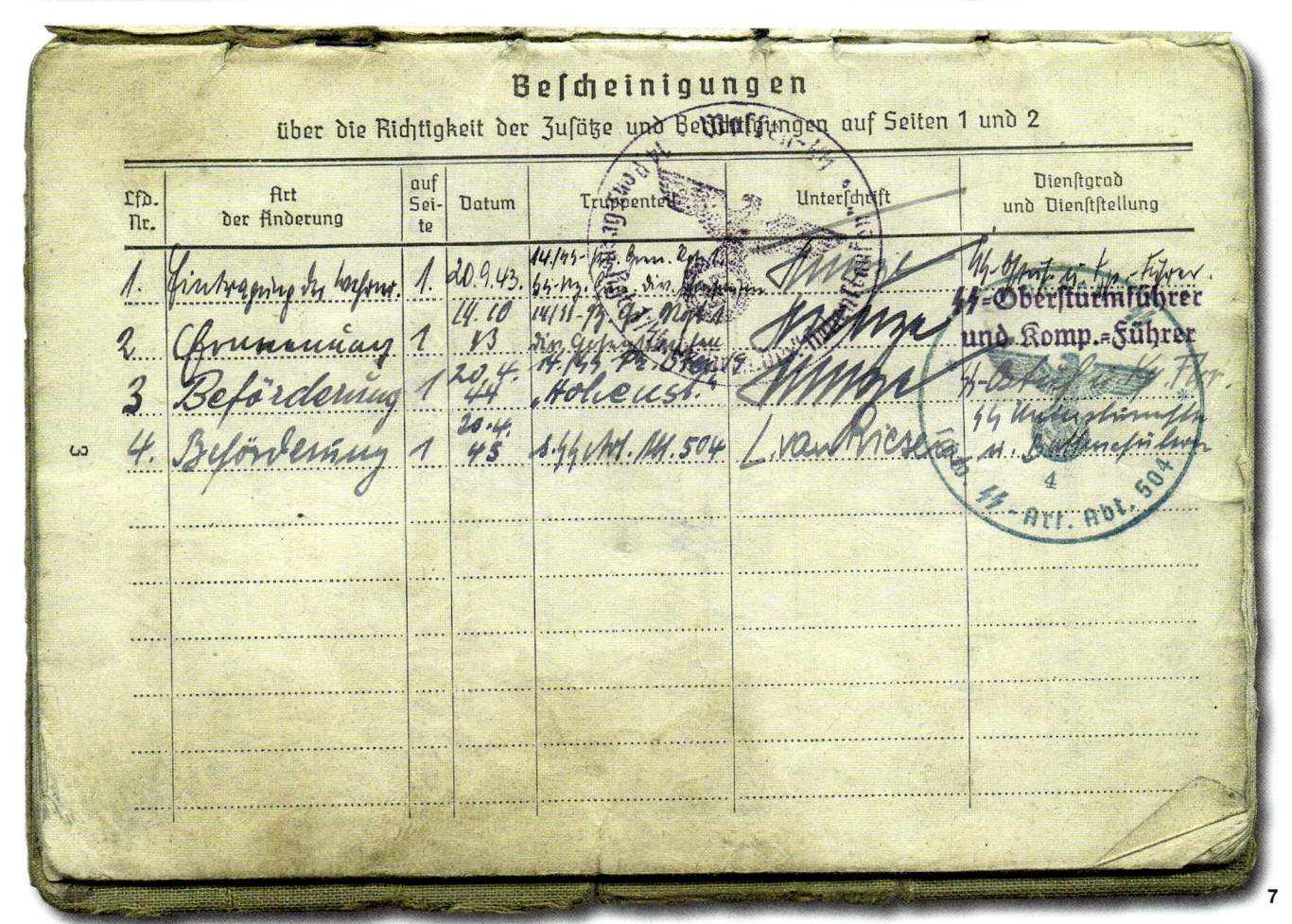

6. La page 22 note que l'insigne des blessés en noir *(Verwundeten-Abzeichen in schwarz)* lui a été attribué le 3 août 1944 et que la croix de fer de IIe classe lui a été décernée le 30 septembre 1944.

7. La page 23 note ses permissions.

8. La page 3, précise ses affectations : il est incorporé à la *14./19* de la *Hohenstaufen* le 20 avril 1944 puis à la *schwere SS-Artillerie-Abteilung 504* le 20 avril 1945.

34

L'instruction se termine et la plupart des hommes de la *14.(Flak)/ SS-Pz.Gren. Rgt. 19* ont reçu des tenues camouflées.

1. Soldats de la *SS-Flak-Abteilung 9* lors d'un transfert motorisé. Le conducteur et le chef de véhicule, assis au premier plan, disposent de lunettes destinées à protéger leurs yeux de la poussière.

2. Deux servants d'une pièce de 2cm-Flak 38. Celle-ci a été désolidarisée de son châssis lors d'un transfert ferroviaire.

3. Transmetteurs radio de la *SS-Flak-Abteilung 9* lors de la période d'instruction.

4. On notera les masques faciaux des deux *SS-Unterscharführer*, l'*Uscha.* Sauer, à gauche, et l'*Uscha.* Fliri, à droite.

5 et **6.** Le *SS-Unterscharführer* Eickhoff avec sa pipe.

1. Très belle photo prise en Picardie en 1943/44 d'un *Rottenführer* de la *Flak Hohenstaufen*. On note les deux caissons de chaque côté du side et l'embase pour le montage du MG 34.

2. A droite, l'*Uscha*. Paul Greinke ainsi que deux motos Zundapp de son unité dans une grange remplie de foin quelque part en Normandie, 1944.

3. Le *Schütze* R. Stemberger de la *14./19* en tenue d'exercice *(Drillich)* sur sa moto sidecar en Picardie, 1943.

4. Ecole de conduite pour de jeunes recrues en 1943 dans le Nord de la France. On note la difficulté pour ces jeunes conducteurs à maîtriser leur engin dans un terrain qui, quoique légèrement boueux, préfigure les difficultés rencontrées lors des combats près de Tarnopol dans un terrain plus que spongieux. On note les panneaux Moto Ecole sur les sides.

5. Ravitaillement apporté par un homme du *Krad-Zug* de la Flak légère sur sa moto dont le side-car est rempli avec les bouteillons de soupe chaude qu'il distribue à ses camarades. Les hommes portent des tenues camouflées.

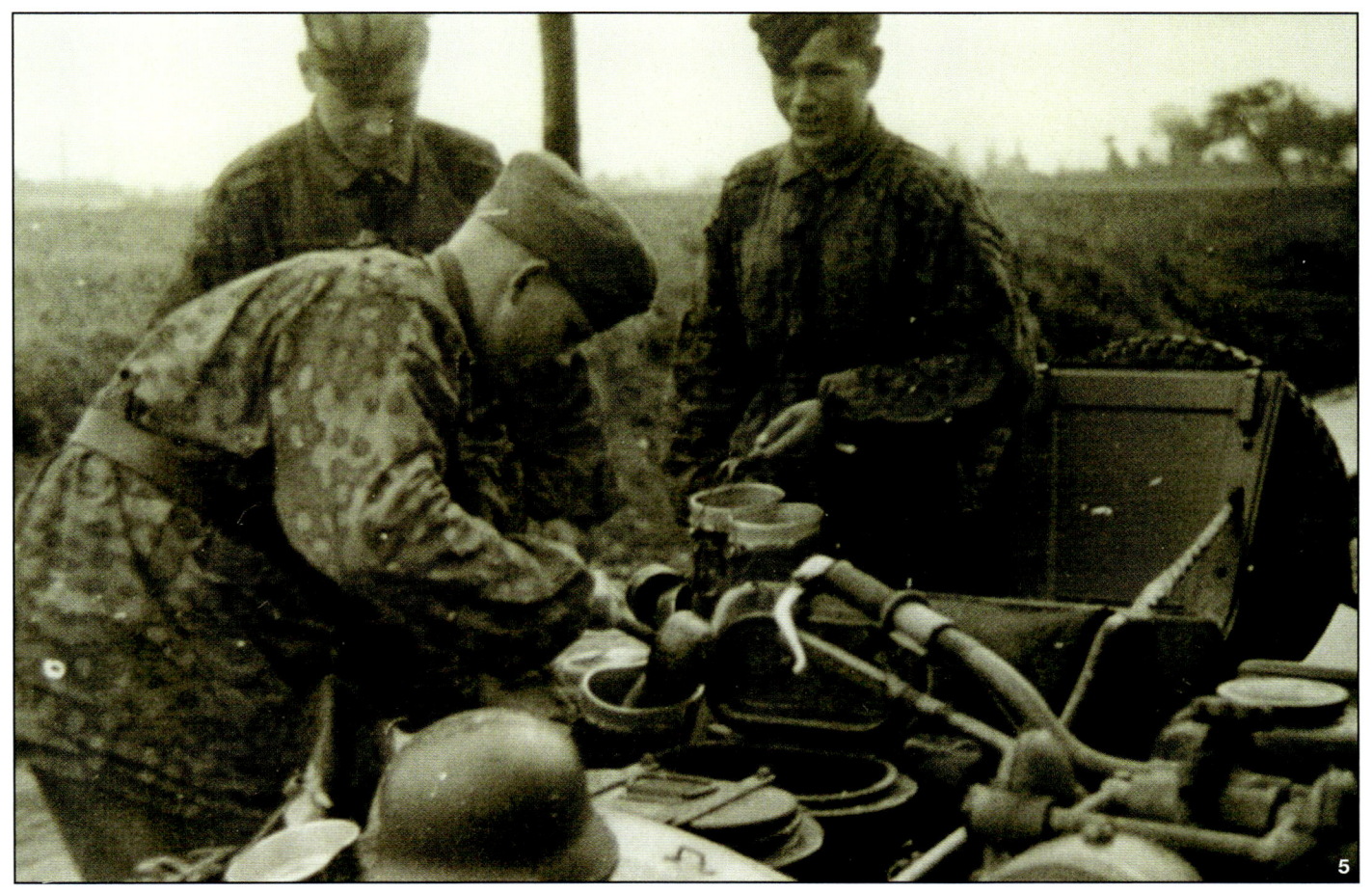

37

Transport ferroviaire. Véritables « pompiers du Reich », les unités blindées de la Waffen-SS sont transportées, en ces dernières années de guerre, d'un front à l'autre, au *Tempo 72*, au rythme de 72 trains à l'heure, ce qui exige de la *Reichsbahn*, les chemins de fer allemands, une organisation sans faille.

1. Nous apercevons ici au premier plan, un agent de la *Reichsbahn*. Nous remarquons un soldat portant une chemise fantaisie.

2. Ce sous-officier est expérimenté comme le montre la barette de décorations au-dessus de sa poche.

3. Une pièce de Flak en protection au moment de l'embarquement.

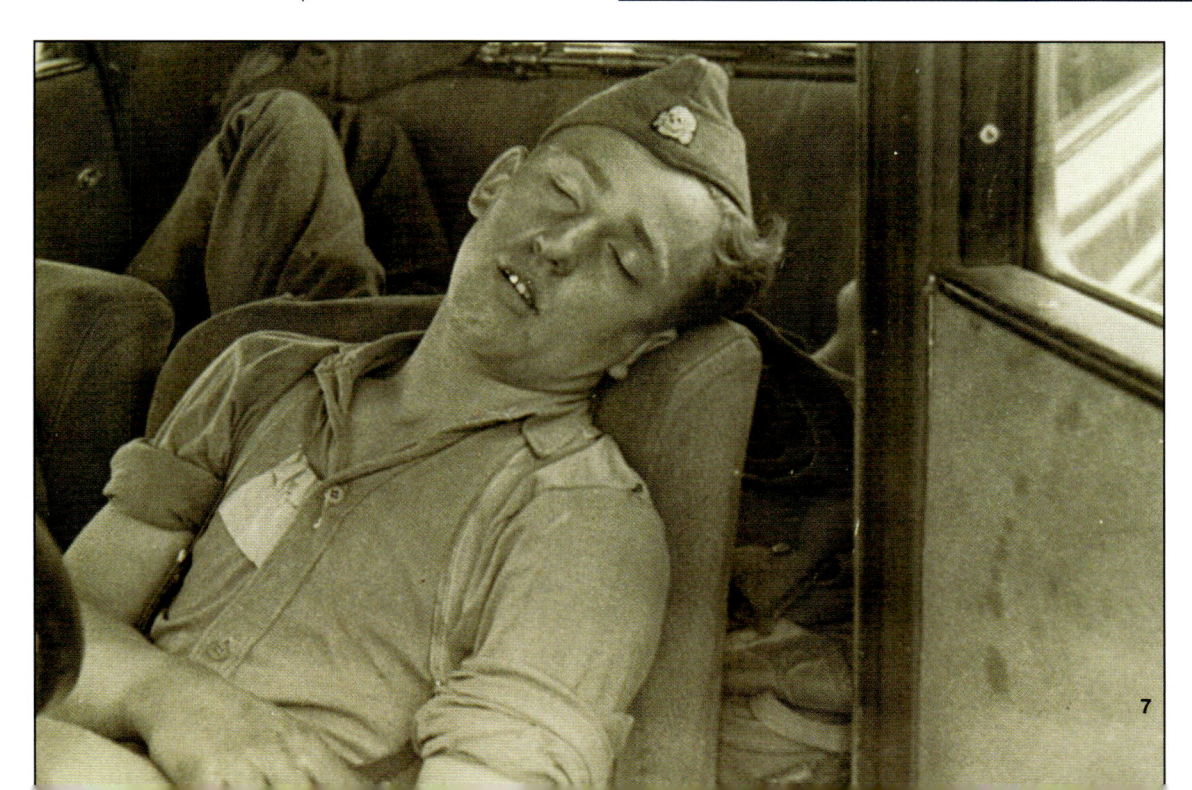

4 et **5.** Transport sur wagons plats.

6 et **7.** Les soldats apprécient les wagons de la SNCF.

Transfert vers le front de l'Est

Ce convoi vient d'arriver en Galicie, dans la région de Lviv (Lemberg). On aperçoit un Sd.Kfz 10/4, c'est-à-dire un 2 cm Flak 38 monté sur tracteur semi-chenillé d'une tonne.

Galicie, Tarnopol

1 et **2.** Le transfert ferroviaire vers la Galicie a été rapide, au « *Tempo 72* ». Nous voyons ici des véhicules chargés sur des wagons plats, en particulier une pièce de 2cm montée sur semi-chenillé. Un drapeau à croix gammée signale les engins à l'aviation allemande.

3, **4**, **5** et **6.** Nous retrouvons le même engin bâché avec son chef de pièce, un *Uscha*., portant un pantalon camouflé « petits pois ». Le contact avec la population ukrainienne est chaleureux. Avant 1918, celle-ci était incorporée à l'empire austro-hongrois, un destin commun. Elle a par ailleurs souffert des persécutions soviétiques et fournira des milliers de volontaires pour combattre au côté des Allemands contre les Soviétiques.

Rare photographie montrant un Sd.Kfz 10/4 de la division aux côtés d'un Ferdinand de la *schw.Pz. Jg. Abteilung 653.*

Nous retrouvons ci-contre l'*Unterscharführer* aperçu à la page précédente, dans le village ukrainien où il était en position avec son engin.

Ci-contre à droite : un agent de liaison motocycliste se restaure en attendant qu'on lui confie un nouveau message.

Soldats de la *14.(Flak) Kp./SS-Pz.Gren.Rgt. 19* quelque part en Galicie.

La boue sera un fléau en Galicie, mettant durement à l'épreuve hommes et matériels. Même les véhicules chenillés ont du mal à se mouvoir dans un tel bourbier.

Remise de décorations en Galicie et enterrement d'un soldat de l'unité tué au combat. L'*Ostuf.* Werner Kunze est à la tête de ses artilleurs. Il dirige la *14.(Flak) Kp./SS-Pz.Gren.Rgt. 19*. Il était précédemment *Adjutant* de la *SS-Flak-Abt.7*. Il sera tué le 1er juillet 1944 à Bordel.

On remarquera le peu de décorations arborées par la troupe, signe que celle-ci est encore une unité novice.

Suite du reportage montrant l'enterrement en Galicie d'un membre de l'unité de Flak avec tir d'une salve d'honneur.

D'août à septembre 1943, la *Flak-Abteilung* de la *Hohenstaufen* se trouve en position **entre Ostende et Calais**. L'Etat-Major est en place à Bailleul, près de la frontière belge. La 4e Batterie se trouve en position à Wissant, directement sur la côte, pour contrer les agressions de vedettes rapides qui ainsi testaient la valeur des défenses côtières. Plus tard, elle se mettra en position près de Watten-Eperlecques en défense rapprochée du plus gros Bunker devant servir au lancement de V 2 et qui subira de très nombreuses attaques aériennes.

La batterie lourde se retrouvera sur la côte en protection des batteries, notamment de la Batterie Lindemann et de la Batterie Todt qui arrosent régulièrement les côtes anglaises et les bateaux essayant de passer par le Channel.

Fin mars début avril 1944, les différentes unités de la division sont chargées très rapidement sur les trains dans la région de **Nîmes** (dans le Sud de la France) avec comme destination finale le front de l'Est. **Lemberg** sera le lieu où l'unité de Flak se rassemblera. La *9. SS-Panzer-Division « Hohenstaufen »* appartenait, avec la division sœur, la *10. SS-Pz.-Division « Frundsberg »*, au *II. SS-Panzerkorps* lui-même rattaché à la *4. Panzer-Armee*.

Du 3 au 26 avril 1944, elle combat dans la région de **Tarnopol**, attaque Buczacz et prend la ville. Suivent de nombreux combats défensifs autour de Buczacz et sur la Strypa, des assauts répétés sur Tarnopol et ensuite, jusqu'au **12 juin** 1944, des combats de position sur une ligne tenue par la *Heeresgruppe « Nordukraine »*.

Durant ce laps de temps, l'unité de Flak est sans interruption au combat, que ce soit aérien ou terrestre. Le leitmotiv pour ces jeunes canonniers à l'épreuve du feu est d'obtenir un maximum d'effica-

(suite page 51)

Nous retrouvons, en haut de page, Robert Stemberger en tenue camouflée près de sa pièce de Flak et, ci-dessus, son chef de pièce. Ci-contre : photo, prise avant l'engagement de l'unité, montrant un officier et quatre sous-officiers faisant un point de situation.

Deux photos prises probablement en Normandie en juillet 1944. Une position a été aménagée et le front n'est pas loin, le Gewehr 98 K est à portée de main. Cependant, la situation est momentanément calme ; le casque recouvert de son couvre-casque camouflé a été posé à côté de l'abri et un petit chien témoigne sa sympathie à Robert Stemberger. La seconde photo montre une pièce 2cm Flak 38 installée en plein champ. Notons le panachage des tenues et le chargeur de vingt obus de 2 cm posé devant la pièce.

Le ravitaillement en nourriture est une question essentielle pour le soldat, ainsi que le témoignage de Helmut Semmler sur sa campagne en Ardenne nous le rappelle. Ici, un Kübelwagen vient d'amener un bouteillon et les gamelles sont remplies directement.

cité et de victoires. Leur champ de bataille a comme noms Tarnopol, Podhajce, Bortkow, Tejowpolka.

Au mois de mai, il y a un changement de Kommandeur. Le *SS-Hauptsturmführer* Sonnenstuhl commandera à présent l'*Abteilung*, le nouvel *Adjutant* est maintenant le *SS-Untersturmführer* Steinschulte. Il ne commandera l'unité que peu de temps car il sera remplacé le 1er juin 1944 par le *SS-Hauptsturmführer* Dr. Loenicker.

Le 6 juin « *l'Invasion* » commence à l'Ouest : « *Ils arrivent* ». Le *II. SS-Panzer-Korps,* avec ses deux divisions « *Hohenstaufen* » et « *Frundsberg* », est expressément alerté pour se rendre sur ce nouveau front et par convois ferroviaires rapidement transportées vers l'Ouest.

Les ordres sont « *vers de nouveaux exploits que le devoir appelle* ». Le déchargement de l'unité de Flak se fait dans la région d'**Epinal** (Vosges). Le reste du trajet devant se faire par la route. Les trois cents premiers kilomètres se font de jour en veillant bien à la possibilité d'une attaque des Jabos. Ensuite, à partir d'**Orléans**, le trajet s'effectue uniquement de nuit, l'activité aérienne ennemie étant trop importante. Sans trop de pertes, la destination est atteinte.

L'unité de la Flak combat dans le secteur de **Caen/Cote 112** contre des attaques aériennes incessantes et dans le cadre de la Division. Jusqu'au **6 juillet** 1944, elle abat sept avions dont trois forteresses volantes, deux Lightning, un Thunderbolt et un Spitfire. Dans un rapport de combat on peut lire :

« *Forte activité aérienne ennemie, des premières lignes jusqu'à au moins quinze kilomètres en arrière, grâce à une très forte réaction de notre Flak et de celles de nos voisins, l'efficacité des raids fut quasi nulle.* » Mais nos jeunes canonniers sont non seulement utilisés pour la défense aérienne mais aussi en combat terrestre puisqu'ils mènent la vie dure à l'ennemi au sol.

Ainsi le **10 juillet**, près de Caen, à l'est de l'Orne, une formation blindée anglaise veut transpercer le front. Les batteries de Flak lourde, avec leurs puissants canons de 8,8 cm, leur procurent un chaud accueil. Aidée du *SS-Panzer-Regiment 9*, des semi-chenillés du *Panzer-Grenadier-Bataillon*, et de la *3. Kompanie* du Bataillon de Pioniers, la 4e Batterie lourde de l'unité dégage la situation près de Rocquancourt sur la Route Nationale 152 et sur la cote 88. Lors de ces combats, l'unité de Flak abat en flammes également un Thunderbolt, un Typhoon, deux avions de type Mustang, Un autre Thunderbolt est également abattu par la 14e Kompanie. Le *Flak-Zug*, équipé de canon de 3,7 cm du bataillon de ravitaillement, n'est pas en reste et abat pour sa part, dans la région de Grimbosq, Condé et Vire deux chasseurs, un bombardier bimoteur alors que ceux-ci tentaient d'attaquer leur colonne en piqué. Plus dur est le fait d'abattre les quadrimoteurs qui eux volent beaucoup plus haut et larguent leurs tonnes de bombes d'une grande altitude. Seules les batteries de 8,8 cm peuvent les atteindre mais ce ne sont que des coups d'épingle étant donné le très grand nombre d'avions opérant à cette altitude.

La 4e Batterie de l'unité de Flak « *Hohenstaufen* » combat d'**Avranches à Falaise** en combinaison avec les autres unités de la division, en groupe tactique assurant une retraite vers la sortie de la poche normande. Lors d'une de ces marches de repli dans la région de Trun, deux semi-chenillés équipés de canons antiaériens de 3,7 cm de la 4e batterie se trouvent dans la colonne lorsque retentit le cri « *Alarme chasseurs (Jabos)* ». Tout le monde dans cette colonne cherche à se réfugier dans les fossés de chaque côté de la route et certains attelages hippomobiles essaiaient d'échapper à un futur mortel. Alors que tous essaiaient de sauver leur vie, deux *Waffen-SS* de l'unité *Flak Hohenstaufen* se trouvant dans la colonne se précipitent à leur poste sur leur pièce, le *Sturmmann* Sievert à sa place de canonnier et le *Sturmmann* Borbe en tant que chargeur pourvoyant le canon en munitions, aussitôt le canon aboie et le premier Lightning remonte brutalement vers le ciel tandis que le deuxième continue à tirer. Le *Sturmmann* Sievert change de cible et recommence à tirer, le Lightning étant maintenant dans sa ligne de mire et, brusquement, tous deux crient : « *il brûle, il brûle* », le sang-froid, la réaction éclair et des nerfs d'acier ont permis d'éviter ce qui aurait pu être un bain de sang et l'anéantissement de la colonne.

Le repli se fait vers la Belgique. Lors de ce repli l'unité passe par les passages sur **la Seine** à Elbeuf et Rouen. Ce repli plus ou moins organisé est coûteux en hommes mais surtout en matériel, pertes dues autant aux *Jabos* qu'au manque de carburant et aux pannes. La destinée des groupes comme des soldats isolés est une histoire en elle-même. Les routes sont saturées par diverses unités de toutes les divisions entremêlées cherchant à se sortir du chaudron. Ainsi les images de la détresse comme de l'espoir se succèdent. Il en est de même pour l'unité de Flak *Hohenstaufen*.

Les **1er et 2 septembre** 1944, elle se trouve à couvrir le retour de la division sur la route de Cambrai vers Mons (Belgique). L'*Obersturmbahnführer* Harzer, en tant que Chef du Groupe tactique « *Hohenstaufen* », avait reçu du Corps d'Armée l'ordre de retenir les troupes qui refluaient et, avec tout ce qu'il avait à disposition, tenter de tenir une ligne de Front à Cambrai un temps déterminé de façon à permettre un repli plus calme des autres troupes. Les batteries lourdes sont positionnées sur les routes venant d'Arras et d'Amiens. Chaque batterie est couverte au nord et au sud par un bataillon de Grenadiers. Au sud-ouest de la ville se positionne la 4e Batterie équipée de canons de 3,7 cm. 200 blindés ennemis sont annoncés. Dix-huit canons de 88 sont disposés et sécurisés fiévreusement car tous se doutent que le choc de l'attaque sera porté sur leurs épaules ainsi que le destin de leurs camarades qui refluent vers la Belgique et vers l'Allemagne. A **9 heures** du matin, tout est prêt pour recevoir comme il se doit l'attaque ennemie. Vers **midi** enfin l'information : « *blindés ennemis fortement accompagnés de fantassins* ». A environ trois mille mètres de distance, les canons de

(suite page 64)

Cette pièce de 2 cm Flak a montré son efficacité avec la silhouette d'un avion peinte sur son bouclier. Cette photo a été prise lors d'un des nombreux transports ferroviaires : Belgique, Nord de la France, Galicie, Normandie, puis Hongrie. La retraite de Normandie se fera par route.

Le bataillon d'intendance de la *Hohenstaufen*, le *SS-Wirtschafts- Bataillon 9*, placé sous les ordres du *SS-Stubaf.* Helmut Thöle, dispose de quelques pièces de Flak pour sa protection.
1 et **2.** Une pièce en action.
3. Victoires ! Il y a des décorations pour les servants des pièces. (Photos Coll. H. Fürbringer/ Heimdal.)

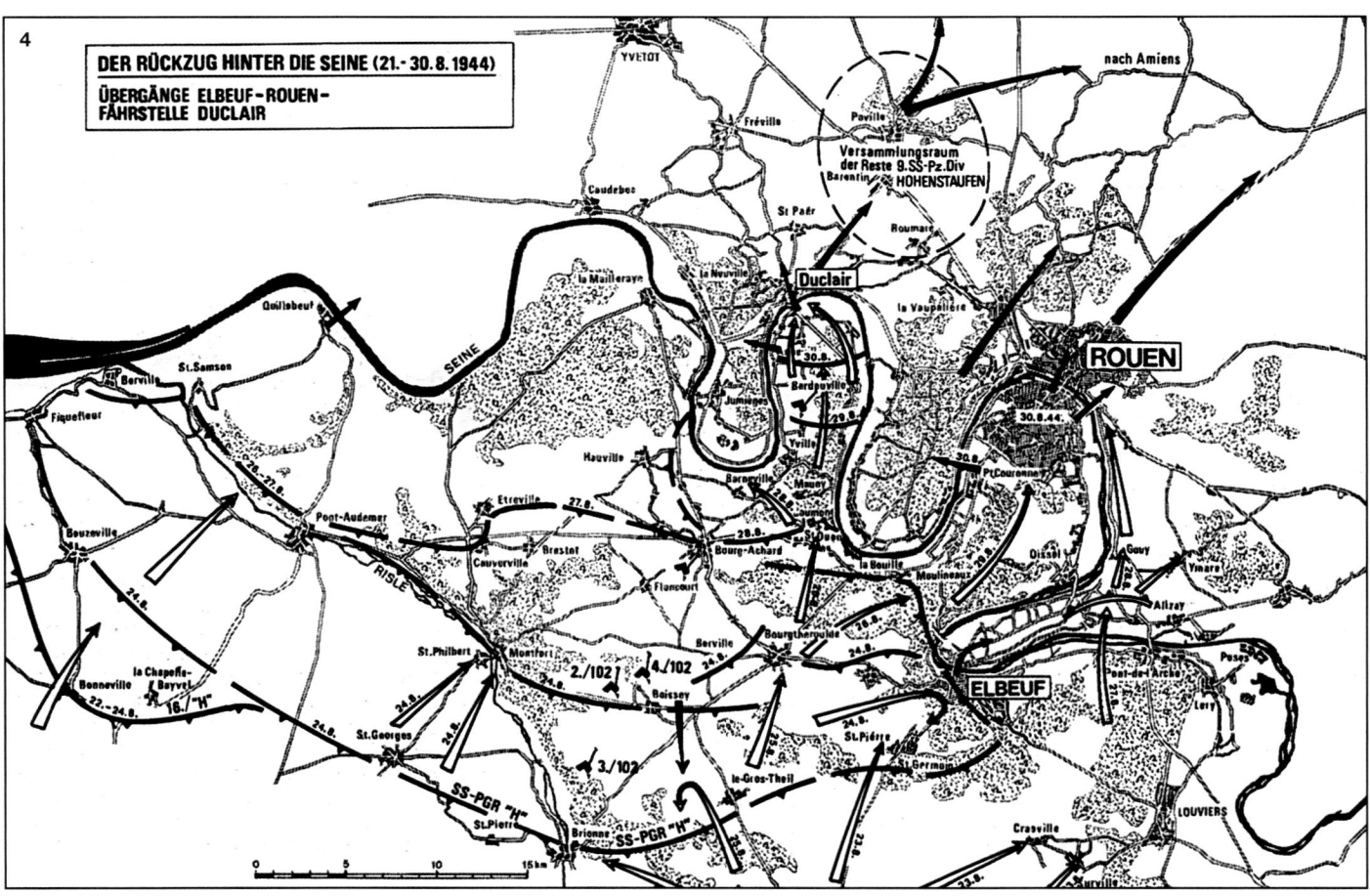

4. Replis successifs de la *Hohenstaufen* vers la Seine du 22 au 30 août 1944. D'après les recherches de Stephan Cazenave et Adrien Daufresne (voir *Normandie 1944 Magazine* n° 3, Heimdal), l'unité de Flak de R. Stemberger traversera la Seine près de Canteleu ; ce que nous verrons dans le reportage des pages suivantes. (Carte H. Fürbringer/Heimdal.)

Les unités de Flak de la *Hohenstaufen* traversent la Seine. Elles arrivent sur les berges du fleuve le 21 août. Robert Stemberger réalise alors un remarquable reportage sur la *14.(Fla) Kompanie/SS-Pz.Gren.Rgt. H.* Comme Adrien Dufresne a pu l'établir dans *Normandie 1944 Magazine*, leur point de franchissement se trouve près de Canteleu. Ils utilisent un bac civil. **(1)** Un *Spiess* s'est coiffé d'un chapeau civil **(2)**. Puis la barge **(3)** approche de l'autre rive.

3

4. Le pointeur de la pièce de Flak a pris place sur le Sd.Kfz. 10/5 en cours de traversée.

5. La barge a accosté, pause cigarette bien méritée.

6. Les équipes désignées pour décharger les barges sont en plein travail. Robert Stemberger s'est maintenant placé en haut du quai pour prendre cette photo.

7. Les barges sont solidement arrimées entre elles, des planches de bois ont été disposées pour débarquer pièces et véhicules. Nous remarquons plusieurs pièces et trois remorques, *Sonder-Anhänger 52*.

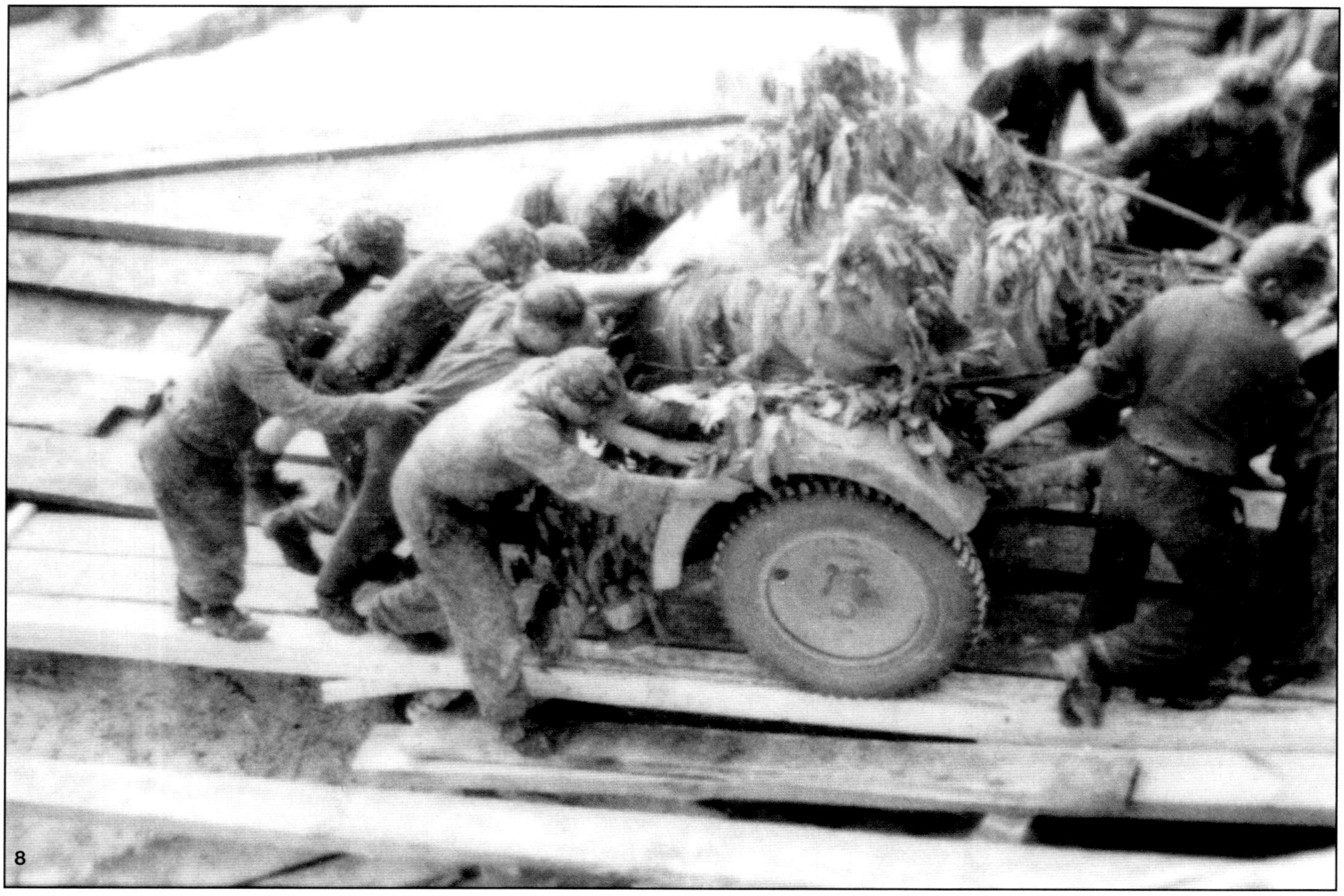

8

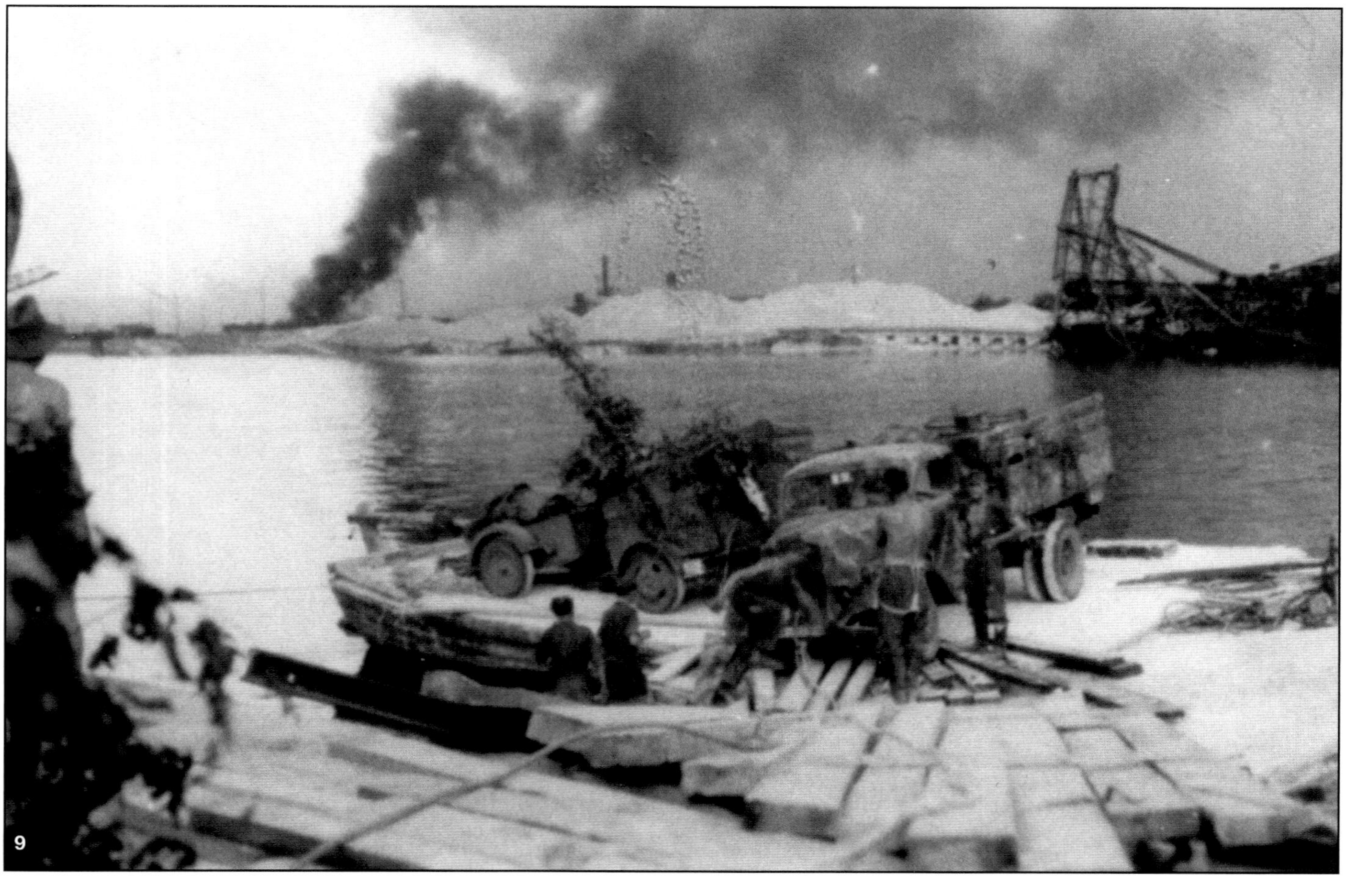

9

8. Ce plan rapproché montre les artilleurs de Flak en plein effort pour débarquer une pièce de Flak camouflée avec du feuillage, la pièce pèse 400 kilos.

9. Une autre barge vient d'arriver avec quelques remorques et un Opel Blitz qui semble chargé de fûts d'essence de 200 litres. Nous apercevons en arrière-plan l'autre rive avec la zone portuaire de Rouen, avec un incendie.

10 et **11.** Un nouveau déchargement avec un camion Mercedes Benz L30005 présentant des motifs de camouflage soignés. La traversée de la Seine a été un exploit pour les troupes allemandes en retraite.

Ci-dessus : au carrefour de la Route Nationale à Escaudoeuvre une batterie de 3,7 cm de la 4ᵉ Batterie du groupe de Flak du *SS-Ostuf* Hayler, qui se repliait avec les restes de la *Kampfgruppe Harzer* de la *9. SS-Pz.-Division Hohenstaufen,* s'est fait détruire par un char M5A1 posté près du pont de chemin de fer à la sortie de Cambrai sur la route Nationale Cambrai/Valenciennes. On distingue encore le pneu avant droit qui brûle.

Ci-dessous : un semi-chenillé SdKfz 7/2 armé d'un canon antiaérien de 3,7 cm et dont le réservoir était vide a été capturé intact devant la sous-préfecture de Cambrai. On peut remarquer son camouflage fait de branchages pour lui permettre d'échapper aux tirs des jabos qui rodaient dans le ciel.

Ci-dessus : ces semi-chenillés n'ont pas eu le temps de tirer, malgré leur mise en position, et ils flambent tandis que les corps des servants éjectés gisent sur la chaussée. Nous sommes au début de l'après-midi du **2 septembre 1944**.

Ci-dessous : Denain, vers 13 heures, le **2 septembre**, une colonne allemande venant de Douai se heurte à une barricade de wagons au passage-à-niveau de Villars. Un groupe de résistants fait sauter ce véhicule semi-chenillé obligeant le reste de la colonne à se retirer vers Beuvry. On retirera douze morts de ce véhicule transportant les soldats.

Saint-Amand le **2 septembre** vers 17h30. Un élément de la *Fernsprech-Kompanie* de la *9. SS-Pz.-Div. Hohenstaufen,* venant d'Orchies et d'Hasnon par la Bruyère, pénétre dans la ville par la rue du moulin blanc.

Prévenus par des résistants, les blindés de la *2d US Armored Division* les attendent place Gambetta où ils se sont postés.

Bilan : un semi-chenillé SdKfz 7, trois blindés légers SPW et une moto détruits. Une vingtaine de tués et de nombreux blessés et prisonniers.

Après identification et avant d'être mis en bière, les corps brûlés sont recouverts d'un linceul.

63

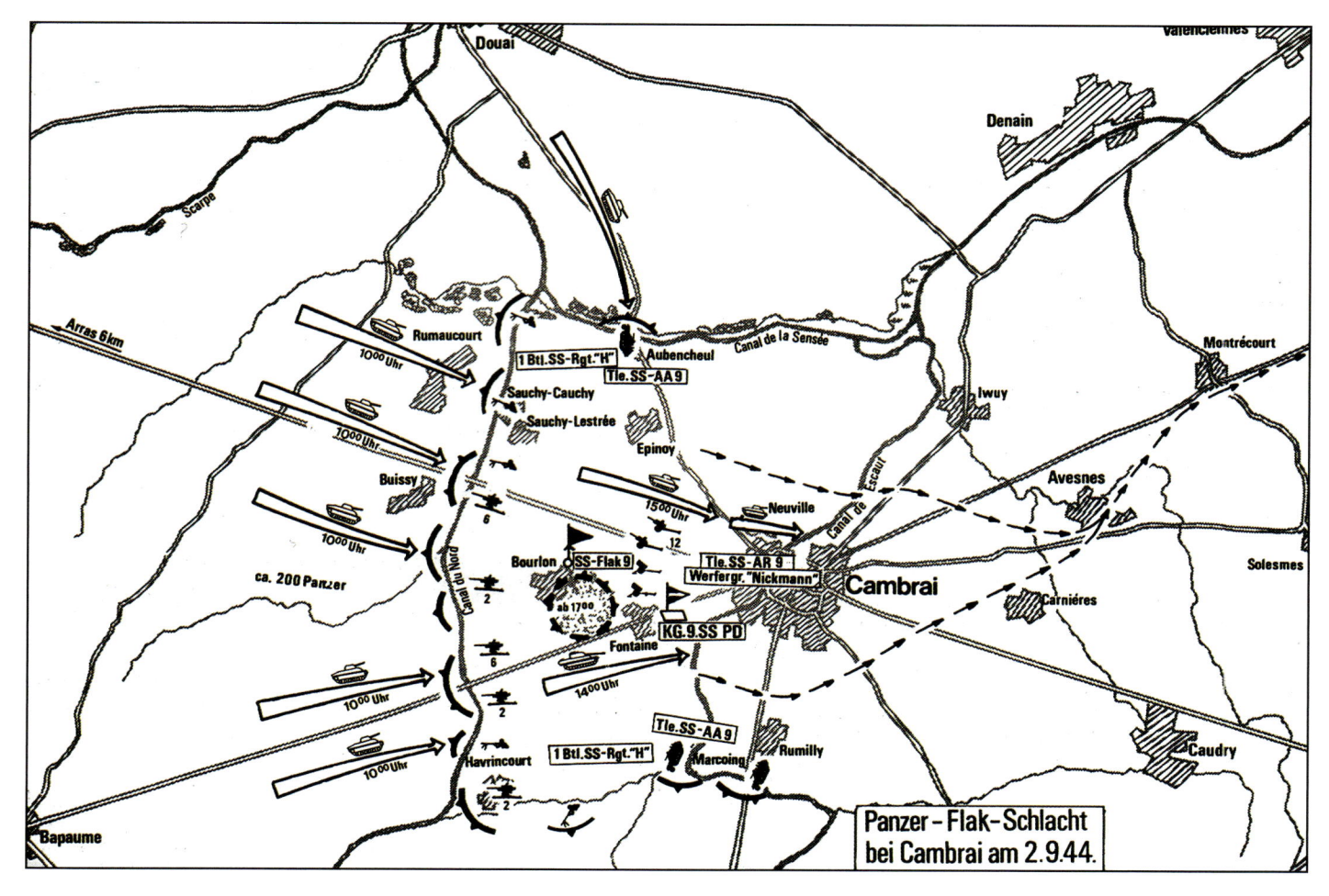

La Flak de la *Hohenstaufen* devant Cambrai le 2 septembre 1944. (Carte H. Fürbringer/ Heimdal.)

88 ouvrent le feu. Les obus quittent les canons avec rapidité. Avec efficacité, le feu nourri oblige les Anglais à stopper leur avance et à établir des positions qui permettront au repli des autres troupes allemandes d'être un plus organisé. En début de soirée du **2 septembre** 1944, à l'ouest de **Cambrai** a lieu un terrible combat entre les pièces de Flak lourdes (8,8cm) et les blindés anglais. Ce fameux canon, aussi efficace contre les avions que contre les chars, quel qu'il soit, qui le redoutaient, va montrer une fois encore sa valeur.

Fiévreusement, les équipages de canon engagent le combat et détruisent les uns après les autres ceux qui osent essayer de percer le nouveau front ainsi formé. Qu'ils soient enflammés ou rendus dans l'impossibilité de se mouvoir, les Anglais laisseront près de 40 chars sur le terrain. Certains canons de 88 sont eux aussi atteints par des tirs qui détruisent soit totalement soit en blessant ou tuant les servants. Mais la quantité du matériel allié finit par avoir raison de la résistance allemande et la pointe avancée des blindés anglais venant d'Arras finira par faire taire ces combattants de la Flak lourde et, du nord-ouest jusqu'à Neuilly, à repousser ses unités jusqu'à Cambrai. L'ordre de rompre le combat est intervenu après que le temps prévu pour un repli correct eut été largement dépassé. L'unité de *Flak Hohenstaufen* a plus que tenu les ordres. L'*Obersturmbahnführer* Harzer en a donné l'ordre. Peu de canons de 88 peuvent se replier mais tous les semi-chenillés lourds peuvent faire retraite à leur tour et avec eux leurs équipages. L'*Obersturmführer* Hayler doit lui, avec ses canons de 3,7 cm, assurer le repli de l'unité lourde, entre autre, contre les actions des partisans prompts à profiter de la mauvaise situation. Puis cette action menée à bien, elle est d'urgence dirigée vers le front au sud et y sera totalement détruite.

A partir du **7 septembre** 1944, le reste de l'unité de *Flak Hohenstaufen* se réunit dans la région d'**Aix-la-Chapelle** avant d'être transportée vers la Hollande afin de s'y refaire une santé. En passant par Venlo et Nimègue, elle rejoint le reste de la Division qui avait pris ses quartiers dans la région d'Arnhem, lieu de ses nouvelles positions. Depuis son engagement sur le front de Normandie, la Division *Hohenstaufen* avait combattu très durement et dans d'incessants combats pendant plus de deux longs mois. Ses effectifs avaient fondu sans pour ainsi dire avoir reçu de renforts en hommes, et en matériels. Après le repli de France, un nouveau front est constitué dans la région de la Meuse et de l'Escaut pour protéger les frontières du Reich. Ce front est constitué de groupes tactiques et d'unités d'alerte. L'unité de Flak est donc dans ce schéma appelée à former une unité d'alerte qui est constituée de quatre semi-chenillés équipés de canon de 2 cm. Le reste des équipages, sans machines, est affecté à l'infanterie d'accompagnement. Le reste de la 4e Batterie marche vers Wesel et est chargée à Dinslaken pour être dirigée vers l'Allemagne afin d'être reformée. Du reste de la 2e Batterie, soit quatre-vingt-sept hommes, un canon de 8,8 cm, et un 2 cm, il est décidé de former une autre unité d'Alerte. Lorsque, le **17 septembre** 1944, les Anglais sautent sur Arnhem l'*Obersturmführer* Gropp mène ce groupe vers **Arnhem** accrochant les canons aux camions. Arrivé très rapidement sur les lieux et plus précisément sur la voie ferrée menant d'Arnhem à Utrecht, elle combat en direction d'Osterbeek. Le reste du bataillon de Pionniers y est rattaché pour l'occasion. L'*Obersturmführer* Gropp dira plus tard qu'il avait eu avec cette *Kampfgruppe* une efficacité très importante sur la 1re Division aéroportée anglaise et fit de très nombreux prisonniers, captura beaucoup de matériels. Lui-même détruisit avec

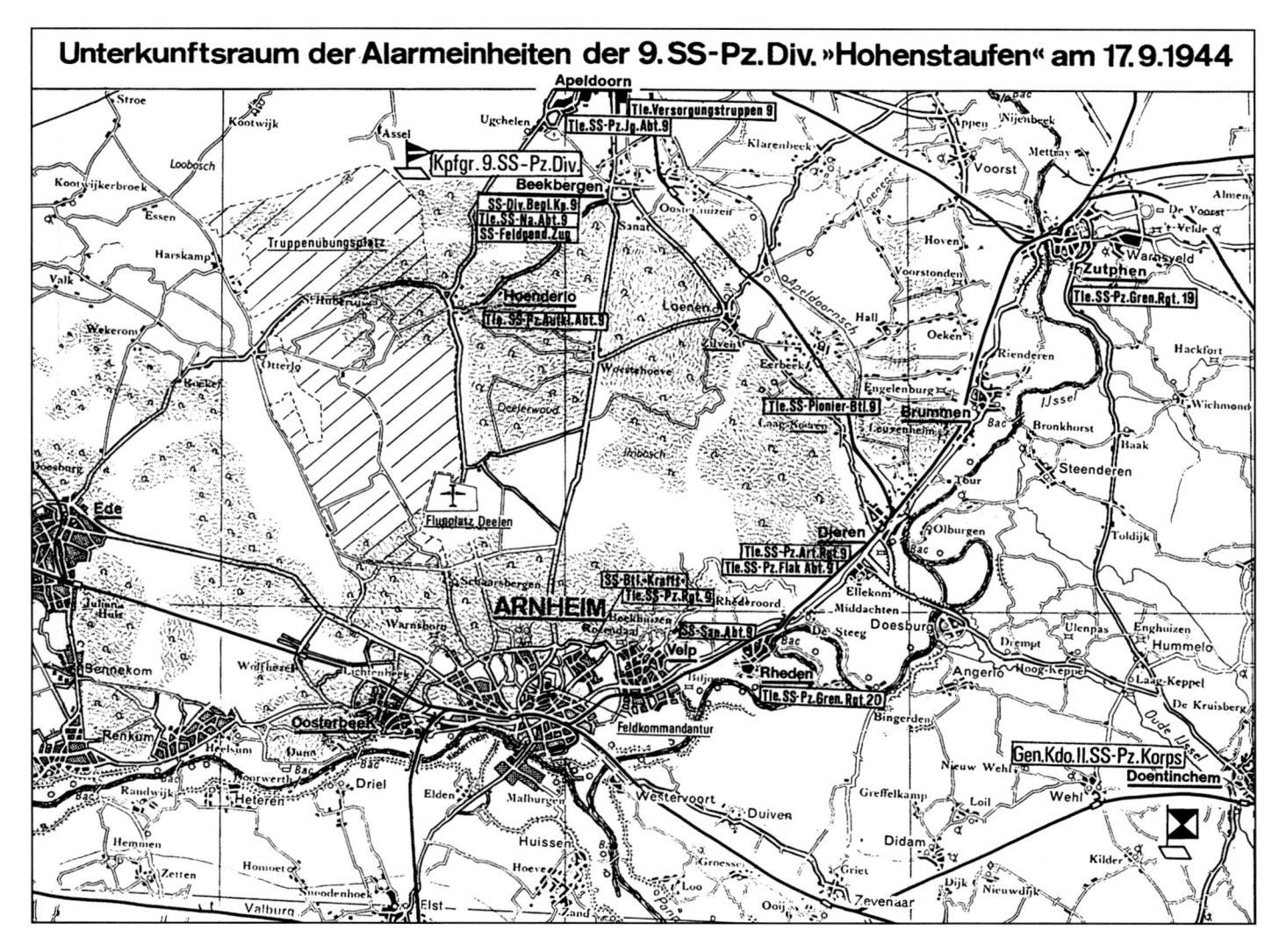

Unterkunftsraum der Alarmeinheiten der 9. SS-Pz.Div. »Hohenstaufen« am 17.9.1944

Positions des unités de la *Hohenstaufen* dans le secteur d'Arnhem. On notera le groupe de Flak près de Dieren, au nord-est d'Arnhem. (Carte H. Fürbringer/Heimdal.)

une charge multiple un blindé anglais lors d'un des nombreux combats de rue. Le dernier jour des combats, il est blessé et doit quitter l'unité. Avec un effectif d'un officier, de 6 sous-officiers et de 89 hommes de troupe, le groupe tactique se retrouve à la fin de ceux-ci fort seulement de sept hommes. Ce qui illustre parfaitement l'intensité de ces combats.

Tous les sous-officiers sont tués ou blessés. L'exemple type de ceux-ci est l'*Oberscharfürer* Bredemann qui, bien que blessé, reste avec ses hommes et ce n'est que sur l'injonction de son chef de Batterie qu'il part vers l'infirmerie. Après le nettoyage de la zone d'Arnhem, le reste de l'unité est rapatrié, ainsi que toute la Division, en Allemagne pour y être totalement reformée. Fin septembre, début octobre 1944, la Division est placée dans la région de **Siegen** en Westphalie pour cette reconstitution et, plus particulièrement, l'unité de Flak se retrouve vers les villes de Kaan et Marienborn. A cette époque, l'unité est commandée par le *Hauptsturmführer* Bergrath. Dans son rapport, celui-ci écrit : *« Le 4 septembre 1944 je prends le commandement de l'unité de Flak de la Hohenstaufen. Celle-ci, très décimée, est rapidement regonflée pour retrouver un effectif digne de cette unité. L'inspecteur de l'artillerie et de la Flak, l'Oberführer Gutberlet, vient rendre visite à cette nouvelle unité. Impressionné, il promit rapidement de l'aide matérielle. La population de la région de Siegen se montre très chaleureuse envers les membres de l'unité qui ont pris leurs quartiers en partie chez l'habitant. »* Malheureusement, très vite, la Division réorganisée reçoit l'ordre de se rendre par voie ferrée dans la région au sud-est de Münster. L'Etat-Major et ceux des Batteries se trouvent à Ennigerloh, la 1re Batterie à Enniger, la 2e Batterie à Ostenfelde et la 4e Batterie à Neubeckum. L'organisation de l'unité se décompose alors comme suit :

Kommandeur de l'Abteilung : *Hauptsturmführer* Bergrath

Adjutant de l'unité : *Obersturmführer* Feige

Chef de la compagnie de Transmissions : *Obersturmführer* Eckl

TFW : *Untersturmführer* Kaufmann

IV a : *Hauptsturmführer* Sponsel

IV b : *Obersturmführer* Dr. Zeller

Officier de Transmision et chef de la Batterie de commandement : *Oberjunker* Schreiber

Chef de la **1re Batterie** (8,8 cm) : *Hauptsturmführer* Seiler

Officier de Mesure : *Untersturmführer* Birnbaum

Chef de la **2e Batterie** : *Obersturmführer* Gropp

Officier de mesure (télémétrie) : *Untersturmführer* Heckmüller

Chef de la **3e Batterie** : *Hauptsturmführer* Lindner

Officier de Mesure (télémétrie) : *Untersturmführer* Baumgarten

Chef de la **4e Batterie** (3,7 cm) : *Hauptsturmführer* Hayler

Chef de section : *Untersturmführer* Schulz

L'entraînement se déroule sous une forte pression aérienne alliée car Münster était une cible très sou- *(suite page 70)*

1. Un peu de détente pour ces hommes de la *14.(Flak)Kp./SS-Pz. Gren.Rgt.19* qui ont découvert un grammophone dans une maison abandonnée.

2 et **3.** Transfert routier des Pays-Bas vers l'Allemagne.

Près d'Aix-la-Chapelle, septembre 1944.
4. Ce semi-chenillé continue d'avancer sans ses chenilles.
5. Puis un Opel Blitz et un Schwimmwagen.

68

Le retour au pays amène un peu de réconfort. Le panachage des tenues est total. Les anneaux blancs peints sur le tube de la pièce de Flak de Robert Stemberger signalent onze victoires sur des avions alliés, un beau score.

Projet d'offensive en Hongrie à partir de la base de départ du 6 mars 1945. (Carte H. Fürbringer/Heimdal.)

vent survolée par les gros bombardiers. L'ordre de Göring était de récupérer tout ce qui était disponible pour essayer d'endiguer le flot toujours croissant de bombardiers alliés. Aussi l'unité est transférée. L'Etat-Major de l'unité de Flak prend ses quartiers à Altenahr. La Batterie rattachée à ce même Etat-Major et la 1re Batterie s'y retrouvent également. La deuxième Batterie se trouve à Kreuzberg, et la 4e Batterie à Brück. Des ordres sont donnés là également pour que l'unité participe à la défense aérienne du territoire avec d'autres unités antiaériennes. L'activité aérienne est très importante vu la proximité du front avec notamment la région d'Aix-la-Chapelle et la forêt de Hürtgen. La 1re Batterie est mise à disposition du groupe blindé de la Division sous les ordres du *Kommandeur* et *Standartenführer* Bochmann, la 4e Batterie est envoyée sur Rheinbach à proximité de la gare centrale où le déchargement des convois pour le front tout proche subit sans arrêt des attaques aériennes. Les deux batteries sont tactiquement rattachées à une unité de Flak de la *Luftwaffe* à Euskirchen.

Le manque de carburant et de munitions rend la capacité des batteries parfois bien moindre que nécessaire. Seule la 1re Batterie est rapidement bien approvisionnée. Par contre, il n'y a plus de munition de 2 cm, et celles de 3,7 cm sont très réduites. Le manque de carburant est également critique car les camions ravitailleurs sont la proie des aviateurs alliés et le *Hauptsturmfürer* von Truchsess est lui-même blessé et son chauffeur brûlé vif lors de l'attaque de son véhicule par des Jabos.

Milieu **décembre 1944**, la Division entière reçoit l'ordre de se déplacer pour se regrouper en vue d'une nouvelle offensive qui se prépare, celle des Ardennes. Lors d'une réunion préparatoire avec tous les commandants, il est noté que la Division n'est pas en état de combattre car elle manque notablement de véhicules. L'unité de Flak doit céder ses semi-chenillés de huit tonnes à l'unité d'artillerie qui lui rétrocède des véhicules de cinq tonnes. La quatrième Batterie n'a plus de véhicules lourds semi-chenillés et doit accrocher ses canons aux camions. A ce moment, elle n'a plus touché un seul obus de 3,7 cm pour ses canons.

Sur la rive gauche du Rhin, des unités complètes se préparent. La plupart du temps, elles se déplacent de nuit mais la discipline requise par une telle manœuvre n'est pas l'apanage de ces dernières unités nouvellement créées avec de piètres combattants, trop jeunes ou trop vieux.

Le **16 décembre** 1944, les différents Kommandeurs se retrouvent pour un dernier rapport avant l'offensive. Ceux-ci reçoivent les ordres, les parcours et d'autres renseignements plus ou moins secrets. L'attaque prévue a débuté au matin et se déroule apparemment bien. Pour l'unité de Flak de la *Hohenstaufen*, le coup de sifflet du départ est donné les 17 et 18 décembre. Le temps est à peu près potable, un léger gel la nuit, le jour ensoleillé. La 2e Batterie de Gropp abat un Spitfire. La 3e Batterie, aux ordres de l'*Unterstumführer* Heckmüller, repart vers Altenahr, faute de moyens de locomotion et disparaît alors dans la tourmente.

Malheureusement, les rapports officiels sur l'unité dans la région de Vielsam, Saint-Vith, Houffalize, Bastogne, manquent.

Malgré les tourments de la période, l'hiver étant plus contraignant que l'été, l'offensive a bien progressé. Mais ce n'est qu'un feu de paille car le manque grandissant de carburant, de munitions et de ravitaillement est flagrant avec ses conséquences catastrophiques, et sans espoir. Les batteries assurent très souvent la couverture anti-aérienne notamment dans la région de Resch où elles détruisent de nombreux bombardiers qui attaquaient en plusieurs vagues en même temps qu'un déluge d'artillerie écrasait le front.

La 2e Batterie fait mouche sur un quadrimoteur B.17 qui éclate littéralement entraînant dans sa chute plusieurs des bombardiers voisins !!!

La quatrième Batterie déplore la perte de son chef, le *Hauptsturmführer* Hayler qui est gravement blessé et meurt à l'hôpital de campagne. Le commandement est repris par l'*Obersturmführer* Wölger.

Après l'arrêt de l'offensive des Ardennes, la *9. SS-Panzerdivision* est rapatriée sur la région de Koblenz. L'unité de Flak se retrouva à Kaisersesch au sud de Cochem.

Le **30 janvier** 1945, des nominations sont apportées, dont celle de *Sturmbannführer* au *Kommandeur* Bergrath. A ce moment-là, la majorité du temps, les hommes sont employés à l'entretien, la remise en état du matériel et des armes. Les différents *Kommandeur* de ravitaillement ont la difficile tâche de récupérer du carburant et des munitions en quantités suffisantes, ce qui n'est pas chose facile.

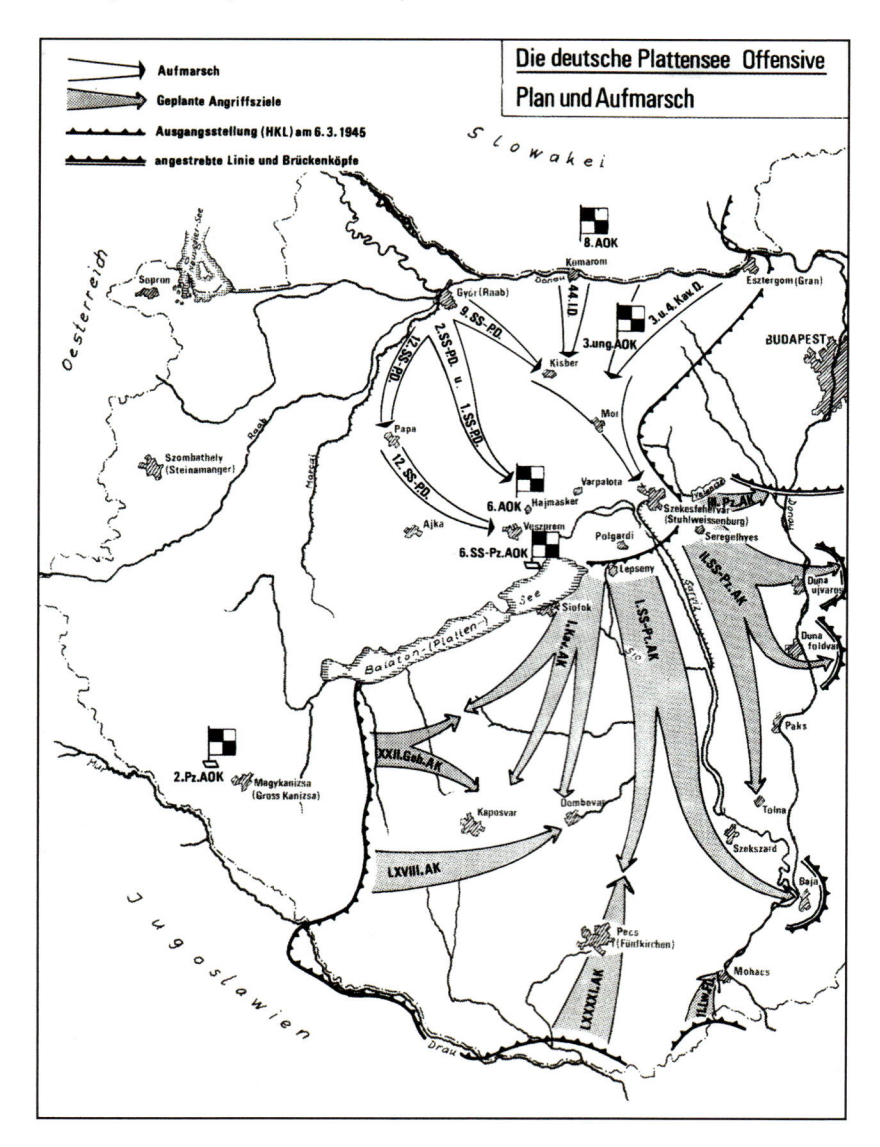

Fin **février** 1945 arrive un ordre de chargement de la division dont la destination est secrète. La gare où est chargée l'unité est Dietz an der Lahn. Le parcours n'est pas trop troublé et, petit à petit, la destination se fait jour : la Hongrie. Arrivé à la frontière hongroise, les bandes de bras sont soigneusement camouflées pour ne pas indiquer à l'ennemi, russe en l'occurrence, le nom des unités présentes. L'unité est déchargée à Györ. La 1re Batterie se met aussitôt en position pour contrer des attaques aériennes. La deuxième et la quatrième suivent le même chemin, même si l'activité aérienne russe est moindre. S'ensuit l'ordre de marche vers Stuhlweissenburg. Près de Kisber, l'état des routes verglacées rend l'avance chaotique puis d'importantes chutes de neige aggravent la situation. L'unité de Flak reçoit l'ordre de se mettre en position de défense de l'unité d'artillerie de la *Hohenstaufen*. Cela sera le dernier engagement de l'ensemble de l'unité de Flak de la Division *Hohenstaufen*. Les trois batteries prennent position près de l'aérodrome de Stuhlweissenburg. La 1re Batterie prend ses campements dans une ancienne position de Flak de la *Luftwaffe*. Les deux autres batteries doivent installer leur propre encaissement et positions. Chaque jour, une forte activité aérienne ennemie donne du travail à l'unité qui revendique en trois jours six avions ennemis détruits, la plupart par la 2e Batterie. Fréquemment, les positions subissent des attaques d'avions ennemis en piqué, sans beaucoup de succès d'ailleurs. L'activité principale des *Kommandeurs* est de trouver le ravitaillement en carburant et munitions pour chaque batterie. Ils reçoivent peu de renfort en hommes, une goutte d'eau dans la mer et, parmi ceux-ci, l'*Obersturmführer* Schöne, venu du centre de formation de Rerik en tant qu'*Adjutant,* et l'*Obersturmführer* Feige à la Batterie de commandement.

Une offensive se déroule et, très rapidement, à partir de Stuhlweissenburg et du lac Balaton jusqu'aux puits de pétrole de Roumanie, la progression et les buts prévus sont vite oubliés.

Le *Sturmbannführer* Bergrath reçoit à son poste de commandement, qui est installé dans une maison de maître de la Pussta, la visite du *Kommandeur* de la SS-Flak-Abt. 2 « Das Reich », le *Stubaf* Dreike et le Dr. Lonicker chef de la *Flak-Abteilung 12* et le Chef de la *2. Kompanie* de la même *SS-Flak-Abt. 12*. Voici le témoignage du *Sturmbannführer* Bergrath : *« Lors de cette réunion, l'ordre de faire mouvement arrive. Une percée soviétique prend forme dans la région de Stuhlweissenburg, voulant couper les lignes de repli des unités de pointe. Un changement de position intervient aussitôt vers Tacz, pour protéger les ponts permettant le repli des troupes avancées. Mais ceux-ci sont rapidement détruits par l'aviation soviétique. L'unité se positionne dans les environs de Berhida. Sur le lac Balaton, la situation s'aggrave d'heure en heure car l'artillerie russe pilonne sans arrêt toutes les routes et, rapidement, les camions de ravitaillement en carburant se transforment en torches. Des hordes d'Illioutchine 2 s'acharnent en piqué à détruire tout ce qui peut rouler. Le chef de la Batterie de commandement, l'Untersturmführer Schreiber, est blessé lors d'une attaque en piqué par des chasseurs-bombardiers. L'unité de la Flak Hohenstaufen reçoit l'ordre de se positionner en protection aérienne à l'ouest de Berhida. La situation étant devenue inextricable, le Kommandeur ordonne un sauve-qui-peut général en demandant à chacune des batteries de se replier en protégeant et en permettant aux troupes refluant d'effectuer leur repli vers le nord du lac Balaton en maintenant ouvert le couloir de sortie, notamment pour le III. SS-Panzer-Korps, le Corps de cavalerie et d'autres grosses unités du Heer. Cela coûtera beaucoup de peine, de matériels et de sang mais sauvera en contrepartie beaucoup de soldats et évitera le départ vers les camps de prisonniers et des destinées inconnues. Le SS-Panzergrenadier-Regiment 20 de la 9e SS-Hohenstaufen ainsi que l'unité d'artillerie et une autre unité de la division sont encerclés. La 1re Batterie doit faire sauter, non loin des forces russes, deux de ses canons car elle n'est plus en mesure de les mouvoir. La nuit est courte et pas calme du tout. Il est absolument impensable de dormir. De nombreux tirs des blindés russes éclatent partout autour. Une troupe envoyée en éclaireur rapporte que le croisement menant à Berhida est encore libre. La 1re Batterie met aussitôt en position antichar ses derniers canons et la 2e Batterie en couverture tous azimuts. Les hommes de la 4e Batterie, n'ayant plus de munitions pour leurs canons, et tous les hommes disponibles sont récupérés pour assurer la sécurité de ces dernières batteries. Sur la route vers Berhida, la 4e Batterie détruit un char russe T 34 qui cherche à percer en se dissimulant derrière un des semi-chenillés pris par les Soviétiques. Sur mon poste de commandement je reçois la visite de quelques officiers qui cherchaient un peu de renseignements sur la situation et l'évolution des combats. Notamment, le chef médecin de l'hôpital de campagne qui se tenait non loin de notre propre unité et dont les véhicules étaient prêts à tout déplacement. Dès que la situation se fut calmée je me rends à l'Etat-Major de la Division, on est très heureux de me voir et de savoir que, non loin d'eux, se trouve encore une unité prête à combattre même si les moyens ne sont plus ce qu'ils étaient. Le Chef et son Ia me demandent de tenir au moins encore vingt-quatre heures sur cette position afin de rendre possible encore le repli d'autres unités encore dans la nasse et leur permettre de se rendre dans la partie nord du lac Balaton. Au retour à l'unité, je rencontre le Kommandeur du Régiment d'Artillerie de la Leibstandarte Adolf Hitler, l'Obersturmbannführer Steineck qui réunissait son unité et veut ainsi replier*

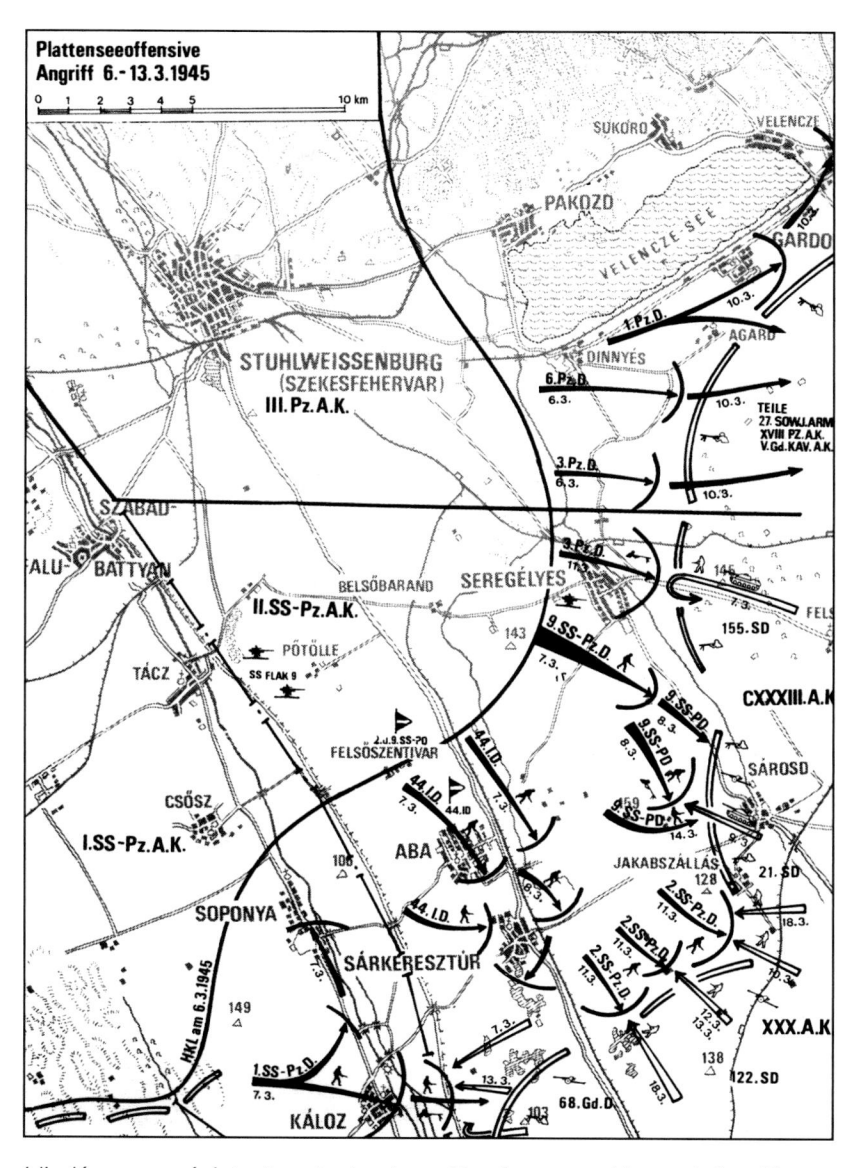

Attaque du 6 au 13 mars 1945 avec l'indication des positions de la SS-Flak-Abt. 9. (Carte H. Fürbringer/Heimdal.)

en bon ordre. Le Kommandeur de la Division, l'Oberführer Otto Kumm et son Ia, l'Obersturmbahnführer Ziemsen, restent quelques heures avec moi à mon poste de commandement. L'Oberführer Kumm veut s'assurer que toutes les unités de sa division encore disponibles sont en mesure d'assurer une défense au nord et à l'est du Lac Balaton.

Je rends visite à ma 2e Batterie dont les positions sont par endroits percées par des T 34. Malgré tout, tous sont détruits et les différentes attaques de l'infanterie russe sont anéanties. Je demande à l'Obersturmführer Gropp de tenir tant bien que mal ses positions. Peu après, la batterie stoppe trois attaques soviétiques qui coûteront de nombreuses pertes à l'assaillant.

Des bruits de combats venant de leur position se font entendre et l'on peut reconnaître les ordres hurlés par Gropp. On essaie d'envoyer deux chasseurs de chars pour les aider mais ceux-ci n'y parviennent pas, empêtrés dans la viscosité du terrain. Une unité de Flak de la Luftwaffe fait un mouvement de repli se targuant d'un ordre de son Régiment. Après bien des palabres, elle accepte de laisser une batterie de 8,8 cm en position. Lorsqu'une heure plus tard, je me rends sur place à nouveau, celle-ci a elle aussi disparu, nous laissant seul. Et maintenant, sur un large front, des vagues de Soviétiques montent à l'assaut. Des hauteurs en face de nous arrivent des volées de balles explosives tirées par les Maxim russes. Nos fantassins, encore en position, finissent par reculer et d'arriver dans nos lignes. Dans la soirée, la 2e Batterie profite de l'obscurité naissante pour faire repli, laissant tout de même deux canons de 8,8 cm qui, avec le dernier 8,8 de la 1re Batterie, restent en place pour attendre de pied ferme les chars russes. Sur cette dernière position, les Russes laissent sur le terrain huit T 34, deux blindés de reconnaissance, et quatre camions. L'Unterscharführer Voss de la Flak légère détruit deux semi-chenillés équipés d'affûts quadruples. Deux de nos canons de 8,8 cm sont perdus dans l'affrontement suite aux coups adverses.

Dans la nuit du **23 mars** 1945, trois autres T34 sont détruits et un quatrième grâce à l'action de l'Obersturmführer Gropp qui le détruit avec une Panzerfaust à courte distance, avec un grand sang-froid. Ses différentes actions et sa valeur à mener au combat sa batterie vaut à ce courageux et valeureux combattant l'attribution de la prestigieuse Croix de Chevalier de la croix de Fer ainsi que la nomination au grade de Hauptsturmführer. Il recevra cette décoration alors qu'il sera dans mon voisinage dans la région de Steyr peu avant notre reddition et le départ vers la captivité.

Il faut rappeler à cette occasion qu'outre la brillante attitude de l'Obersturmführer Gropp à ce moment tardif de la guerre, il y eut aussi le Rottenführer Semmler de la 2e Batterie de la SS-Flak Abteilung 9 qui se comporte de manière formidable lors de l'encerclement de l'unité qui retraite vers le Lac Balaton.

Dans la région de Vihonya-Berhida, il nous restait quatre affûts de 8,8 cm et trois de 3,7 cm ainsi qu'une centaine de fantassins pour arrêter les trois assauts d'une division blindée russe. De 5 heures du matin jusqu'à la tombée de la nuit, les assauts se succèdent sans que nos lignes ne soient franchies et avec de très grosses pertes pour l'ennemi. Ces assauts étaient soutenus par l'attaque d'avions d'assaut en piqué et par un appui d'artillerie soutenu par des mortiers de 12 cm. Nous sommes à la fin submergés par l'assaillant mais, malgré tout, parvenant à nous échapper. Les Russes nous poursuivent et s'ensuit un combat contre les chars T 34 qui subissent les coups mortels de nos 8,8 cm. Cette attaque est elle aussi endiguée et je détruis moi-même à la Panzerfaust un autre T 34 et un autre est mis hors de combat par l'Ostuf Gropp. Le Rottenführer **Semmler** réutilisa le blindé à notre profit. »

Celui-ci raconte à propos de ces événements :
« Le matin du 22 mars 1945, la 2e Batterie se met en position dans un village en couverture anti aérienne. Lorsqu'un peu avant midi, des unités amies refluant se pointent à l'entrée du village. L'Obersturmführer Gropp décida de placer ses puissants canons non plus en position de défense antiaérienne mais en position de combat terrestre contre très certainement des vagues de chars russes à la poursuite de nos troupes. A droite se tient une position de Flak de la Luftwaffe. Bientôt, un char T 34 isolé pointe son nez près du village. De concert, il reçoit les tirs des batteries de la Hohenstaufen et de la Flak Luftwaffe. Mais bientôt, les canons de l'unité de la Luftwaffe se replient, nous laissant seuls sur le terrain. Avec nos quatre canons de 8,8 cm, il nous faut tenir le village. Ce qui est fait jusqu'au soir, les Russes laissant beaucoup de plumes lors de ces combats puisque les carcasses de huit T 34, deux voitures de reconnaissance blindées et quatre camions parsèment les environs ainsi que les cadavres de nombreux Russes. L'Unterscharführer Voss, avec une Panzerfaust, parvient à détruire deux semi-chenillés portant chacun un affût quadruple et faisant trois prisonniers. Les Soviétiques endommagent deux de nos tracteurs semi-chenillés ce qui a pour conséquence la destruction de ceux-ci pour ne pas qu'ils tombent intacts aux mains de l'ennemi. Il faut dire que, grâce à notre action retardatrice, de nombreuses troupes peuvent se replier et éviter un départ vers les camps de prisonniers ou une mort certaine. Je me trouve moi-même quelques kilomètres derrière ce village qui contient tant bien que mal l'avance inexorable des Russes et, étant en poste à un croisement particulièrement important, je peux me rendre compte de l'utilité de cette défense car, sinon, le croisement aurait été entre les mains russes et la route de retour aurait été coupée. »

Dans la nuit du **22 au 23 mars 1945**, l'Obersturmführer Gropp est de nouveau en première ligne avec deux de ses canons de 8,8 cm « Anton » et « Emil », un canon de 3,7 cm et un autre canon de 8,8 cm de la 1re Batterie. Les Russes, s'apercevant du raidissement de la résistance à cet endroit, envoient quatre chars T 34 à la rescousse de leur infanterie. Trois d'entre eux sont détruits par nos canons et un quatrième par l'action audacieuse de l'Obersturmführer Gropp qui l'arrête d'un coup de Panzerfaust. Bien qu'il soit blessé, le char continue à rouler vers nos lignes alors que l'équipage l'évacue et se fait prendre par les tirs de nos mitrailleuses. Le char s'arrête tout seul contre le merlon de protection en terre d'un de nos canons. L'aurore se levant, nous en profitons pour l'inspecter et, nous apercevant que celui-ci roule encore, nous nous en servons pour tracter l'un de nos affûts qui n'avait plus de véhicule pour le tirer. »

Le Kommandeur de l'unité de Flak « Hohenstaufen » continue son récit :

« Le Kommandeur de la Division donne l'ordre de tenir de nouveau pendant vingt-quatre heures au moins la route au nord-ouest du Lac Balaton pour permettre le nouveau repli de nos troupes. Les Russes font une pause dans leur lente mais inexorable avance car leurs pertes doivent être comblées aussi bien en hommes qu'en matériels afin de reprendre la route vers l'Autriche. Au poste d'Etat-Major de la Division, j'écoute les dernières nouvelles et apprends que le Russe avait contourné le Lac Balaton et avait déjà traversé la presqu'île de Tihany et positionné une première tête de pont pour barrer la route aux réfugiés. Nous devons à nouveau quitter nos propres lignes pour ne pas être totalement encerclés. Je veux rejoindre la Division et rencontre dans une clairière la 1re et la 4e Batterie arrêtées là, car n'ayant plus de carburant, et constatant que le chef de la 4e Batterie était blessé, je le fais remplacer par l'Untersturmführer Haase. Grâce aux ordres directs du Kommandeur de *la Division, je parviens à percevoir 700 litres de carburant. Si je ne m'étais pas rendu au poste de commandement, nous aurions été oubliés à notre sort. La situation change toutes les heures. La retraite se déroule dans la direction du lac Balaton dont toutes les routes d'accès sont embouteillées par les véhicules de toutes sortes cherchant à échapper aux rouges.*

Avec les restes de l'unité sont formées deux Flak-Kampfgruppen (groupes tactiques de la Flak) composées de deux canons de 8,8cm et de trois canons de 3,7 cm sur semi-chenillés chacun commandé par les Chefs de Batterie. Deux jours au plus tard, les deux formations doivent être opérationnelles. Je me rends de nouveau auprès de l'officier responsable du ravitaillement afin de percevoir de l'essence et des munitions. J'arrive enfin, après de longues recherches, à le trouver alors que la nuit est tombée depuis longtemps puisqu'il est 3 heures du matin !!! Mais, Oh merveille, je perçois 1 000 litres d'essence. De retour à l'Unité, un nouvel ordre m'attends : « Sans attendre, se rendre, à l'ouest de Zala ». L'unité n'avait pas attendu et est prête à faire mouvement. Direction Zalaegerszeg. Au soir, nous sommes sur notre nouvelle position dans ce village encore tranquille. Le matin suivant, un véritable tourbillon parcourt le village. De nombreux bruits de combats, la population apeurée et affolée, les tirs de mitrailleuses et d'obus de chars se faisant entendre tout proches. Un Major de la 3. Panzer-Division me donne l'ordre de faire sauter tous les ponts car de nombreux chars russes T 34 sont sur l'autre rive. Je laisse l'unité quitter ce lieu à nouveau. Une information de la 4ᵉ Batterie m'apprends que son chef, l'Untersturmführer Haase, est tombé aux mains des Russes et que seule une petite partie s'en est sortie. Ceux-ci sont aussitôt attribués à la 1ʳᵉ Batterie. L'Obersturmführer Gropp tient le village avec sa troupe utilisée maintenant comme infanterie et se replie en combattant en fin de soirée dans les collines remplies de vignobles. Je suis appelé au poste de commandement de la Division rapidement afin que, le Kommandeur ayant apprécié mes facultés à m'adapter à chaque situation, je lui fasse un état des lieux le plus souvent possible par radio de l'état des troupes et surtout du positionnement de l'échelon de ravitaillement. Il avait su par radio ce qui s'était passé à l'ouest de Zala mais l'échelon ravitaillement ne s'y trouvait heureusement pas. Le bon état des communications dues aux fréquents changements de positions rendaient celles-ci difficiles, ce que l'Officier d'Ordonnance auprès du Ia avait du mal à comprendre. Mes recherches de carburant devenaient malheureusement vaines. Entretemps, le Hauptsturmführer Seiler (chef de la 1ʳᵉ Batterie) avait réussi à récupérer quelques centaines de litres d'essence auprès d'un Commandant de groupes tactiques. Ainsi nous redevenons mobiles et pouvons poursuivre notre retraite. Ce faisant, je tombe sur le Kommandeur de la Division et son Ia qui m'attribue une nouvelle tâche : position de combat antichar. Nous sommes assujettis cette fois à un Corps de Cavalerie. En chemin vers la 1ʳᵉ Batterie, je rencontre le Chef du Régiment de Cavalerie. Lorsque ce Kommandeur entend de ma bouche que nous disposons encore d'un canon de 8,8 cm avec quelques rares munitions, il déclame en riant que nous avons une force de frappe étonnante car lui dispose aussi de deux canons antichars avec chacun deux obus !!!!

Lorsque l'unité de Flak perd ses derniers canons, elle est utilisée en tant qu'unité de fantassins. Le reste de mon Unité de Flak est presqu'entièrement attribué à l'unité d'artillerie. Le Hauptsturmführer Seiler devient chef d'une unité de canons d'infanterie et le Hauptsturmführer Gropp, revenu entre-temps d'un court laps de temps en hôpital, devient chef d'un Bataillon de Grenadiers blindés. Moi-même, je suis un temps attribué à l'Etat-Major mais ensuite transféré au Régiment d'Artillerie blindé. »

Ici se termine le récit du Chef de l'Unité de Flak *Hohenstaufen*. Une unité fameuse qui, dans les pires situations, a toujours honorablement tenu le terrain. Beaucoup de ceux qui eurent à quitter ses rangs pour une autre destination pleurèrent. Ayant à son compte un grand nombre de coups au but que ce soit en activité antiaérienne ou terrestre et ceci de Galicie, Tarnopol, en passant par la Normandie, la retraite de la Seine, Arnhem ou la Hongrie. Tous les attributs furent détruits sur ordre avant la reddition.

En vertu de ses résultats lors des combats de Normandie le SS-Führungshaupt-Amt cita l'Unité de *Flak Hohenstaufen* à l'Ordre de l'Armée Allemande avec les remerciements flatteurs du général de l'Artillerie et de la Flak du Haut commandement de l'Armée.

Voici maintenant quelques exemples en raccourci du parcours de vétérans de cette unité qui m'ont servi pour cet historique :

Le *Rottenführer* (caporal-chef) **Dieter Ingold**, est né en 1924, il se porte volontaire pour la *Waffen-SS* et incorpore, en octobre 1942, tout d'abord à la 4. SS-Polizei-Division. Instruction à la Flak 3,7 cm à l'école d'Arolsen en décembre 1942. Mi-janvier 1943, école et pratique de la Flak à Chartres, mi-mars, de nouveau retour à Arolsen.

1ᵉʳ avril 1943, versé à la 4ᵉ Batterie (3,7 cm) de la toute nouvelle division *Hohenstaufen*.

Feldpost Nummer : 20565.

La 4ᵉ Batterie se trouve à Bailleul dans le Nord de la France. Mi-mai, transport vers Epernay (Marne) pour des exercices de tirs réels.

De juin à juillet, nouvelle formation à Chartres.

Août 1943, passage à l'hôpital de Paris-Meudon suite à une pleurésie.

Début septembre, retour à la 4ᵉ Batterie dans la région d'Amiens.

Milieu octobre, la 4ᵉ Batterie se trouve dans la région de Marquise en protection aérienne des nombreux ouvrages côtiers abritant les gros calibres qui arrosaient l'Angleterre et les bateaux alliés qui tentaient de passer par la Manche.

Début février 1944, transport dans la région de Nîmes pour percevoir des semi-chenillés équipés de canons de Flak 3,7 cm. La bataille est maintenant mobile.

Fin mars 1944, transport vers le front Est. Les derniers jours de ce mois, déchargement de l'unité à Lemberg (maintenant Lvov situé dans la partie ouest de l'Ukraine).

Avril 1944, combats à l'ouest de Tarnopol.

Mai 1944, protection aérienne dans la région de Zloczow

Juin 1944, suite au débarquement en France la division *Hohenstaufen* est transportée en urgence avec sa division sœur « Frundsberg » vers la Normandie. Après un parcours par voie ferrée, le reste du trajet se fera par la route. Entre Belfort et Vesoul nous sauterons sur une mine causant un léger retard sans plus.

Le 28 juin 1944, nous combattons au sud-ouest de Caen. Puis dans la deuxième partie du mois, combats à l'est de l'Orne au nord-est de Thury-Harcourt.

Début août 1944, combats au nord de Vire, puis dans la région de Falaise. Sortie du « Chaudron » par Trun. Passage de la Seine près de Rouen.

Repli vers la Belgique et l'Allemagne avec un temps d'arrêt à Cambrai que nous avions atteint en dépassant Beauvais et Saint-Quentin.

2 septembre 1944, durs combats à Cambrai contre les Anglais et contre les partisans français qui nous harcèlent. Nombreuses pertes en hommes et matériels.

Retraite par Mons, Louvain, Hasselt, Maastricht, Arnhem.

Milieu septembre 1944, nous combattons dans la région d'Arnhem lors des premiers affrontements et puis nous sommes rapatriés vers la Westphalie.

La Batterie comme la Division sont remises en état matériel et humains.

Milieu novembre, nous sommes transportés dans l'Eifel.

Le 16 décembre 1944, offensive des Ardennes.

Début 1945, nouveau transport cette fois vers la Hongrie.

Mars 1945, terribles combats à Stuhlweissenburg (en hongrois Szekesfehervar) puis repli en combattant au nord du lac Balaton à Bakony Wald.

Début avril 1945, nous combattons en défensive près de Zala.

Repli ensuite sur le fleuve Mur et là aussi combats d'arrière-garde.

Fin avril 1945, nous nous retrouvons sur le Danube dans la région d'Amstetten (Basse Autriche). Du 4 au 6 mai 1945, derniers combats contre les Américains et reddition à Enns.

Ludwig Berger, d'Autriche, est né en 1925 et s'enrôle volontairement en février 1942. Le 20 de ce mois il se trouve à Arolsen pour une formation de Flak.

De septembre à octobre 1942, il se forme à la conduite de motos à l'école de conduite de Vienne en Autriche et deviendra agent de liaison motocycliste auprès de l'unité de *Flak Hohenstaufen* avec le grade final de *Rottenführer-Anwärter* (devait passer *Unterscharführer* –sergent- au moment de la fin du conflit).

Puis il rejoint la Division nouvellement formée dans la région de Bailleul puis d'Amiens.

De là, il rejoint le front russe dans la région de Tarnopol afin de dégager des unités comme la *LAH* et d'autres divisions qui étaient encerclées. Ecoutons son récit :

« Après avoir rempli victorieusement notre mission, un autre ordre nous projette rapidement vers l'Ouest où un nouveau front venait de s'ouvrir. Nous nous retrouvons dans la région de Caen et sur la cote 112 au sud-est de Bayeux. Puis ce sont les combats lors du repli par Trun, direction Cambrai où d'autres combats nous attendaient et finalement Arnhem où je prends part aux combats contre les troupes aéroportées anglaises. Deux semaines plus tard, nous sommes rapatriés dans la région de Siegen (Sauerland) avec nos quartiers à Altenahr pour repartir vers les Ardennes le 16 décembre.

Mi-février, de nouveau transport par voie ferrée mais cette fois vers la Hongrie et Stuhlweissenburg. Après les derniers combats pour protéger notre retraite c'est la fin en Autriche. »

R. Stemberger (*Kradmelder* près de la Flak légère de la 14. Kompanie) et **L. Baumgarten**. Après avoir suivi la Division, le premier sera blessé pendant l'offensive des Ardennes et le second en Normandie suite à l'attaque de son canon de Flak 2cm par des *Jabos*, deux hommes de l'équipage seront tués. Lui et un autre soldat seront blessés. Les Jabos s'étaient placés dans le soleil afin d'aveugler les servants du canon antiaérien. Il aura la chance encore d'être évacué et de rentrer dans un hôpital en Allemagne et reprendra le combat en Hongrie alors que Robert Sternberger sera ensuite transféré comme *Kradmelder* à l'Obersalzberg.

Un autre vétéran, l'ancien *Sturmmann* **Helmuth Semmler** de la 2e Batterie m'a confié ses souvenirs des combats lors de l'offensive des Ardennes.

« Le **16 décembre 1944**, nous sommes réveillés à minuit et, très rapidement, nous sommes bientôt prêts pour le départ à 1 h 30. A cinq heures, nous sommes sur nos nouvelles positions et nous prenons un rapide petit-déjeuner. Je perçois les bruits d'une grosse formation de bombardiers et environ quatre-vingt Lancasters nous survolent. Par deux fois nous faisons feu sur eux mais, à leur altitude, cela n'a que peu d'effets. La journée se passera ainsi entre manger, boire du vin chaud et surveiller le ciel.

Le 17 décembre 1944

Réveil à 7 heures et l'adjudant nous crie dessus pour que nous regagnions nos armes plus vite. Par petits groupes, nous descendons au village pour nous laver et déjeuner puis nous regagnons nos positions car les alertes anti-aériennes se succèdent. Notre canon tire plusieurs fois. Cette fois ce sont des Thunderbolts puis des Lightnings qui nous attaquent et notre tir en touche un qui va s'écraser plus loin, un long panache noir s'élève vers le ciel à l'endroit où il est tombé. Puis l'artillerie se fait entendre, elle annonce notre mouvement vers l'avant. Notre chef de batterie nous dit clairement que cette opération est celle de la dernière chance. Soit nous encerclons les forces ennemies soit la guerre est perdue pour nous. Nous changeons immédiatement de position et abandonnons notre bonne ville de Hönningen dans l'Eifel. Je grimpe dans notre gros semi-chenillé MAN de cinq tonnes que nous avons perçu il y a peu.

18 décembre 1944

Avec mon camarade Rieske, nous grimpons sur les gardes boues du véhicule pour guider le chauffeur afin qu'il ne fasse pas glisser notre véhicule dans les fossés, la route étant rendue glissante par la glace qui la recouvre. A 6h30, nous atteignons une forêt où nous nous dissimulons. Je vois passer pour la première fois ce que l'on nomme « arme de représailles », un V 1. Nous percevons de quoi remplir nos estomacs qui crient famine. Je dormirai ce soir un peu durement et inconfortablement.

H. Gropp.

Ludwig Berger.

Ludwig Baumgarten.

Helmut Semmler

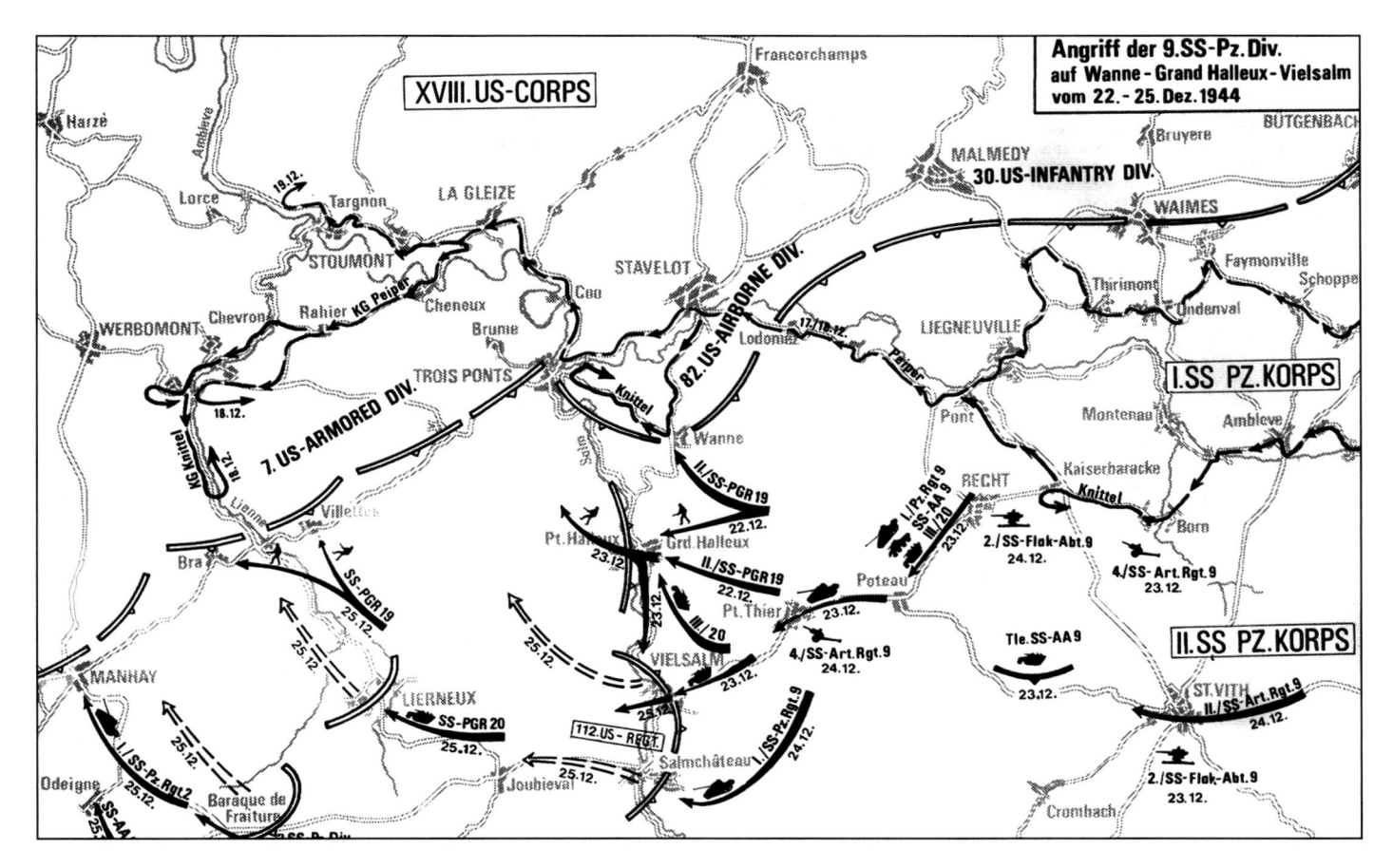

19 décembre

Nous partons dans l'aube naissante et nous atteignons rapidement une zone de combats car de nombreux cratères d'obus, des débris et des corps jonchent le sol. Un motocycliste a dû rouler sur une mine et sa monture est couchée sur le sol noir et lui a eu les jambes arrachées par l'explosion. Un autre V1 nous survole bruyamment. Nous trouvons des traces de présence américaine, certainement il y a plusieurs nuits. Ce soir, je vais manger une soupe de lait.

20 décembre

De 1 heure du matin à cinq heures, des vols incessants de V 1 nous assourdissent du hurlement du réacteur qui n'a d'égal que le bruit rageur des tirs de Nebelwerfer qui suivent. Je nettoie mon arme personnelle et un cercle pour la destruction du Lightning détruit le 17 décembre orne maintenant notre canon de Flak. Aujourd'hui, un brouillard nous donnera un peu de repos car, de ce fait, l'activité aérienne ennemie est plus que faible. Nous en profitons pour camoufler nos véhicules et pour chercher de la nourriture au village voisin.

21 décembre

7 heures 30, retour sur nos positions. Comme nous n'avons pas reçu de ration depuis deux jours, nous recevons chacun un demi-poulet de Noël qui a été cuisiné à Hönningen par notre cuistot. Je suis revenu dans mes quartiers où j'ai pris un bain et ensuite réchauffé mon repas. Des rumeurs courent comme quoi Eisenhower a été fait prisonnier !!!

Puis je retourne à notre position pour un temps et ensuite un nouvel ordre nous fait changer de lieu. Nous préparons nos équipements et attendons la venue du MAN où nous chargeons le tout. Nous grimpons dedans et soudain surgit un Brigadeführer portant la croix de chevalier nous ordonnant de descendre car une attaque était programmée et nous devions y participer. Nous avons marché de nombreux kilomètres pour arriver à un pont de remplacement où un gigantesque camion américain gêne le passage, il était déjà à moitié dans le vide. Nous le poussons tous et il s'écrase sur la glace du courant d'eau. Puis, ici et là, des véhicules arrivent dont ceux d'une troupe de Flak de la Luftwaffe. Trois d'entre eux se rendent dans une tente pour y écouter les dernières nouvelles du front, annonçant la prise de 7 000 GI's de la 106ᵉ division d'Infanterie US dans les neiges de l'Eifel. Nous attendons notre camion MAN et, ce faisant, nous aidons un camion et son canon de 20 mm à passer dans la gadoue en le poussant, ceci fait nous retournons près du pont et retrouvons notre MAN mais, étant les derniers, le repas apporté nous est passé sous le nez, tout avait été distribué. Si nous étions restés là nous aurions eu notre repas mais, à attendre de longues heures, nous aurions eu très froid.

22 décembre 1944

Nous sommes toujours près du ponton et, pour passer le temps, nous visitons le village voisin à la recherche de denrées que nous trouvons. Nous repartons à notre camion et, avec des saucisses et du pain, nous mangeons avidement. Finalement, nous reprenons la route, non pas par le pont mais un peu plus loin. Il y a beaucoup de circulation et donc de bouchons. Nous passons à côté du Feldmaréchal Model qui essaie de réguler l'avance dans son long manteau de cuir. Lors de notre avance, nous prenons un bol de bouillon à une roulante. Enfin nous sommes capables de progresser vers Saint-Vith. Nos troupes utilisent de nombreux véhicules américains tombés entre nos mains dont de grosses Studdebakers au nez particulier.

Sur la gauche et la droite de la route, des Shermans abandonnés par leur équipage trônent en signe de déroute de l'ennemi. Des cadavres jonchent également les routes. Nous poursuivons notre avance.

Combats en Ardenne du 22 au 25 décembre 1944. Nous remarquons les positions de la 2ᵉ batterie de Flak près de Saint-Vith et Recht. (Carte H. Fürbringer/ Heimdal.)

23 décembre 1944

Nous parvenons vers deux heures du matin au village qui était notre destination. Quelques balles sifflent par ci par là. A six heures et demie, nous avançons vers le village voisin sur la gauche. Lorsque nous y sommes nous prenons position, tirons les câbles pour les communications puis nous percevons notre soupe matinale et le café. Nous montons des protections pour la batterie et je suis au milieu de la position effectuant mon tour de garde lorsque celle-ci commence à ouvrir le feu. Ce n'est qu'une alerte. Je finis ma garde et, revenu au campement, je nettoie d'abord mon arme, puis je vais jeter un œil aux Shermans abandonnés. Je cherche d'éventuelles victuailles et je tire la culasse d'une mitrailleuse entraînant une longue rafale. Dans la journée nous avançons de nouveau. Je trouve une lettre près d'un GI tué et la prends pour l'étudier plus tard. Je retourne à notre campement car, bientôt, je devrais être de garde. J'en profite pour manger un plat de nouilles chaudes venant de notre roulante. Mon camarade Kemker me parle de son temps de formation puis je passe de garde de 19 h 30 à 22 heures.

24 décembre

De 3 heures à 5 heures du matin, je reste sur mon poste. A huit heures, je reviens à mon quartier et me lave et nettoie mon arme. A 11 heures 30, je reviens à notre position de tir. On entend le bruit de bombardiers nous survolant. A cause du manque de munitions nous ne tirons pas. Puis, ceux-ci se rapprochant dangereusement, nous ouvrons le feu, atteignant une forteresse volante qui vient s'écraser non loin. Lorsque les huit dixième des chargeurs ont été vidés nous arrêtons le feu. Je vois comment un Messerschmitt 109 et un Focke-Wulf 190 s'abattent en flammes. Puis un Thunderbolt nous survole à basse altitude, le tir reprend et celui-ci est touché, suivi par un long panache de fumée noire avant de s'écraser. Notre chauffeur avait retiré la mitrailleuse d'un char Shermann et l'avait fixée sur un socle de façon à pouvoir l'utiliser en arme anti-aérienne. Ce faisant, il lançait de longues rafales rageuses sur les avions qui passaient plus bas et, joint à nos tirs de 3,7 cm, cela faisait un sacré barrage. Puis ce sont les bombardiers Mitchells qui larguent leurs bombes sur le village voisin à droite dans la vallée. Ensuite ce sont des chasseurs-bombardiers qui larguent leurs fusées et bombes sur le village, nous avons touché un Lightning qui s'enflamme avant de s'écraser lui aussi. Une autre forteresse volante est touchée et explose au sol non loin du village qui lui aussi est pilonné par l'artillerie adverse. Vers 17 heures, le calme revient et nous pouvons reprendre nos activités routinières. Notre cuisinier avait concocté un délicieux repas avec des pommes de terre et de la viande. Notre Chef est une fois de plus chanceux et le total des pertes de la 1ʳᵉ Batterie ne s'élève qu'à huit morts et douze blessés. La 4ᵉ Batterie avait eu également des pertes. Après notre repas, je sors mon accordéon et nous buvons du schnaps et du vin chaud. Nous avons chanté et, fatigués par cette journée, nous nous endormons. Peu de temps après, l'ordre est donné de changer de position et notre repos est ainsi terminé. Les camions sont chargés et l'unité commence à se déplacer lorsqu'un grand bruit, une détonation suivie d'une grande gerbe de flammes, se fait voir à la sortie du village là où le véhicule contenant les munitions que nous avions récupérées parmi les véhicules adverses saute sur une mine. Tout l'avant du véhicule est détruit, le chauffeur a été éjecté par l'explosion (il décédera quelque temps plus tard de ses blessures). Le camion est vidé de son contenu qui est transporté dans un autre véhicule pris à l'ennemi. Il fait très froid, un froid glacial.

25 décembre 1944

Nous sommes camouflés à l'ombre d'un petit-bois. Des tas de choses recouvrent le sol qui venaient des véhicules américains abandonnés et ainsi des plaques de chocolat, du cake, des cigarettes, des bonbons, des victuailles diverses. Nous nous servons. Pour manger, le cuisinier avait fait une goulasch avec des nouilles ce qui réjouit nos estomacs. L'Oberscharführer Göllner, chef de la sécurité, m'envoie avec mon camarade Wieland à l'extrémité du village pour guider nos troupes qui arrivaient encore. Ce faisant, nous avons pu jeter un œil sur les ruines du village et du champ voisin où eut lieu un combat de chars que nous avions pu observer, les larmes aux yeux à cause du manque de munitions et malgré un champ de tir parfait pour nos 88, pas un obus ne partit de nos canons. J'ai compté cinq chars Tigre ou Panther détruits ainsi que deux Sturmgeschutz, les membres d'équipages calcinés dans leur cercueil d'acier. De nombreux fantassins gisaient eux aussi atteints par le feu ennemi. Près de l'un d'eux, je récupère deux Panzerfaust, merveilleux engins antichars. Des pièces d'équipements, des douilles, des grenades à mains parsèment le champ. Dans les restes d'un char, un immonde tas atteste de l'horrible fin des membres de l'équipage. A la sortie du village, les cadavres des Américains gisent eux aussi sur leur position, l'un d'eux servait une de nos mitrailleuses MG 42 qu'il avait retournée contre nous et, épars, un très grand nombre de douilles témoigne de son courage avant qu'il ne fut tué. Nous retournons ensuite à nos véhicules car l'avance continue. Il gèle dehors.

26 décembre 1944

Après que la nuit nous eut enveloppés, nos pieds étaient complètement gelés. Nous arrivons sur une grande place dans la ville de Vielsalm. De là, nous conduisons nos véhicules en bordure de la ville et les camouflons. Nous prenons nos quartiers dans une maison vide et allumons le feu. Je me lave et ensuite je nettoie mon arme. Puis c'est mon tour de garde pour une heure pour protéger nos véhicules. Je prends mon accordéon et un peu de nourriture cuisinée la veille. Le ciel est nuageux mais, malgré tout, de nombreux chasseurs-bombardiers ennemis nous survolent sans cesse. Des petites douceurs de Noël me sont apportées, deux barres de chocolat, un peu de liqueur et du cake. Soudain de nombreux quadrimoteurs ennemis nous survolent. Nous rejoignons les caves creusées dans la roche pour nous tenir à l'abri mais rien ne tombe des bombardiers. Nous rejoignons nos quartiers et finissons des bocaux remplis de fruits délicieux. Nous nous roulons dans des couvertures bien au chaud car dehors le froid règne. A 22 heures, nous sommes réunis au centre de la ville lorsque les Amis (les Américains dans le jargon du troupier allemand - NDE) envoient un tir d'artillerie qui creuse de nombreux trous et cratères dans la ville. Dans le ciel noir, nous observons le combat d'un bombardier et d'un Ju 88 chasseur de nuit, l'un des deux tombant en flammes. A 23 h, de nouveau, un tir d'artillerie qui, cette fois, endommage notre camion MAN.

27 décembre 1944

4 h 00 du matin, nous grimpons de nouveau dans nos camions. L'artillerie ennemie nous assène encore de nombreux coups car eux ne sont pas limités par leurs munitions. Nous avançons sur des routes verglacées. Au petit matin, nous camouflons nos véhicules dans un petit-bois. Nous prenons nos quartiers dans un village voisin et dormons un peu. Nous sortons un peu de nourriture de nos camions. Le ciel est plein de chasseurs-bombardiers qui attaquent partout, lançant leurs roquettes et tirant de toutes leurs armes. Durant l'un de ces straffings, le Kommandeur du Régiment d'Artillerie de la Hohenstaufen l'Obersturmbannführer Spindler sera mortellement blessé près d'Houffalize. Nous dormons. Au réveil, un bol de bouillon de légumes nous réchauffe le corps, puis nous redormons un peu. Nous parlons avec des habitants belges de la maison qui nous sert de quartier.

Notre maître cuisinier récupère encore des victuailles et nous cuisine de bons petits plats chauds. Au dehors, un duel d'artillerie se fait entendre. Je perçois du café chaud. La roulante se déplace vers l'avant du front et est maintenant à un kilomètre de nous. Je travaille un peu sur nos positions jusqu'à 22 heures.

28 décembre 1944

Je dors tard dans la matinée, ensuite je me lave. L'artillerie ennemie déverse à nouveau ses obus sur nous. J'écris une lettre pour la maison. Le camion devant nous amener le repas n'est pas encore là, certainement à cause du gel et des tirs d'artillerie. Celui-ci n'arrive que l'après-midi. Après avoir pris mon repas, je récupère mon casque dans le camion mais, oh surprise, celui-ci est transpercé de part en part par un shrapnel. Ensemble, avec l'Unterscharführer Linke et quatre membres de l'unité nous nous rendons dans un magasin servant de dépôt pour l'équipement et repartons avec des chaussettes en laine, des couvertures et sacs de couchage. Débarrassé de ces nouvelles pièces d'équipements, je pars pour un tour de garde avec cinq autres camarades afin de protéger nos véhicules. Lors d'une halte, je mange un peu de blanquette puis prends un peu de repos. Une heure plus tard, à nouveau un déluge d'artillerie. Des éclats d'obus et des paquets de boue et de neige volent dans tous les sens. Nous nous protégeons dans des tranchées prévues à cet effet. Lorsque le tir se réduit nous constatons que toutes les vitres de notre maison ont été cassées par un obus tombé tout près.

29 décembre 1944

De 4 heures à 6 heures, je suis de service à nouveau. Puis, jusqu'à 9 heures je me repose. Ensuite, je me rends au village voisin de Lierneux pour y chercher des ordres. En rentrant, je me lave. Ensuite réception de courriers dont une lettre de mon frère Otto. De nouveau, je me retrouve sur ma position en tant que servant de munitions pour un tir sur deux unités de bombardiers. L'artillerie adverse se met en branle à nouveau et nous arrose copieusement. Heureusement, aucun obus et aucun éclat ne vient traverser notre maison. J'écris une lettre en réponse à mon frère Otto. A cinq heures, le chef de Bataillon vient nous rendre visite.

30 décembre 1944

Je me rends de bonne heure à ma position puis retour au campement pour un rapide repas, malheureusement je ne reçois pas de sauce et je mange les pommes de terre sèches.
Je reçois une nouvelle lettre de mon frère.

31 décembre 1944

Tôt le matin, je gagne la position, il a neigé. Nous patrouillons aux alentours, Après le déjeuner, je reprends mon tour de garde, ensuite je me lave et j'écris une lettre à mes parents. Je vais à la cantine et reçois quelques fruits et du vin chaud. Le courrier arrive avec deux lettres pour moi. Je vais me coucher pour me reposer une paire d'heures et, à 22 heures, je suis de nouveau de garde. Un grand silence règne sur nos positions et celles de l'ennemi, aucun tir d'artillerie ne viendra perturber la nuit.

1er janvier 1945

A minuit pile, un gigantesque tir d'artillerie recouvre la zone, un gros éclat traverse une écurie où se trouve un vieux cheval, il est effrayé. Jusqu'au petit matin les impacts se suivent. Joyeuse nouvelle année !!! De nouveau garde de 6 heures à 8 heures le matin. Quelques salves d'artillerie de ci de la. Je me lave et je nettoie mon arme. Je me rends au bureau de l'Adjudant pour faire un éventuel rapport d'avions touché ou abattu ce qui n'est pas le cas. Puis on nous prévient de notre prochain mouvement. Je discute avec deux jeunes filles de 20 ans, très souriantes, qui habitent le village. C'est le nouvel an. Nous, la 2e Batterie de la Flak-Abteilung Hohenstaufen, sommes cantonnés dans le village de Lierneux. Nos quartiers sont des maisons que nous avons librement choisies. Les occupants sont la plupart du temps réunis dans une grande cave car ils ont peur des bombardements et des tirs d'artillerie adverses. Pour faire la cuisine, l'eau potable n'est disponible qu'à un puits au milieu de la place du village mais celle-ci est régulièrement la cible des tirs américains. Aussi, nous leur crions en anglais que ce sont des habitantes qui vont y aller. Tout se passe bien et les demoiselles nous préparent un repas. Nous faisons nos adieux aux villageois et chargeons nos véhicules pour une nouvelle destination mais en sachant que nous pourrions éventuellement y revenir.

2 janvier 1945

Nous arrivons à deux heures du matin sur nos nouvelles positions. Il fait un froid de canard. Nous essayons de trouver des endroits pour dormir un peu. A 7 h 30, nous gagnons nos positions et, bientôt, la batterie est prête à ouvrir le feu. Dans la matinée, nous ouvrons le feu sur une vague de bombardiers. Nous avons un incident de tir et je dois, avec mon camarade Kemker, démonter la culasse du canon. Ceci fait, nous mangeons un peu, et protégeons un poste d'observation, puis nous regagnons notre logement, une taverne où les 22 membres de notre groupe ont pris leur quartier car c'est suffisamment grand pour nous tous et bien chaud.

3 janvier 1945

Je suis de garde de 5 heures à 7 heures trente avec mon camarade Kemker. Nous parlons de chose et d'autre afin de passer le temps plus vite. Nous prenons ensuite notre petit-déjeuner et nous nous occupons de notre canon et des instruments de tir (télémètre) afin que le froid ne nous handicape pas trop. Je perçois trois lettres et, ensuite, je reprends un tour de garde de 19 h 45 à 21 h 30.

4 janvier 1945

Au petit matin les membres de notre groupe construisent des bunkers avec des rondins et de la terre. Je suis de permanence au téléphone de campagne jusqu'à 10 heures. Le télémétreur de la 1re Batterie répare une ligne qui nous met en contact avec le canon « Anton ». J'établis le contact avec le chef de groupe. Je fais plusieurs essais fructueux. L'Unterscharführer Deuss vient me chercher pour que je rende compte des derniers tirs. Je fais des croquis de la manière dont nous avons touché un Lightning le 24 décembre. Ensuite, un bain, un bon repas chaud et un peu de sommeil.

5 janvier 1945

Je suis sur la position et teste encore positivement nos communications. Puis je gagne le feu que nous avons allumé pour nous donner un peu de chaleur. Dans la soirée, nous recevons à nouveau un ordre de mouvement. Une heure plus tard, le ciel s'éclaircit et nous devons nous préparer à faire feu. Grâce à mes lignes, je suis prêt à coordonner toutes les batteries de l'unité. Bientôt, le ciel est chargé de chasseurs-bombardiers qui attaquent toutes les cibles potentielles, que ce soit des véhicules en mouvement ou même des simples fantassins transportant le ravitaillement. Ils canardent de leurs fusées et de leurs canons tout ce qui bouge. Souvent, ils font des cercles au-dessus de nous et fondent sur la route. Nous sommes souvent mis à l'épreuve et faisons feu sur ces meutes hurlantes qui, tels des essaims de guêpes viennent nous narguer. A l'orée du bois, un camion rempli de carburant flambe, touché par une salve de roquettes. Le ciel est clair mais, finalement,

il s'assombrit avec la nuit. Je suis de garde de 21 h 30 à 23 h 45. A trois heures, des bombardiers attaquent et déroulent un tapis de bombes. Pendant quinze minutes, la noirceur du ciel est remplacée par les lumières vertes, rouges et jaunes des explosions et des flammes.

6 janvier 1945

A 5 heures du matin, nous changeons encore de position. Nous récupérons tout ce que nous pouvons et chargeons les camions. Mais le trafic routier est intense et il y a des bouchons. Enfin, nous trouvons une route libre et nous roulons convenablement. Dieu soit loué, il fait un bon brouillard empêchant l'aviation alliée de nous ralentir. Nous con- tinuons jusqu'à la frontière luxembourgeoise. Nous nous installons là à la frontière et j'installe les communications et ainsi je pourrais donner les coordonnées de tir à toutes les batteries. A peine fini d'être installé un contre-ordre arrive, nous devons rejoindre nos précédentes positions. N'importe comment, nous restons là car nous n'avons plus assez de carburant et devons attendre le ravitaillement. Nous dressons nos tentes dans un bois par-dessus des abris en bois bien solides. Nous nous mettons au chaud dans nos couches.

7 janvier 1945

De 5 h 30 à 6 h 30, je reste de garde. Au matin j'imperméabilise notre abri. Je me lave et prends un petit-déjeuner. Je construis un petit feu à bois avec un tonneau. Nous entretenons nos appareils de mesure pour le tir et les protégeons du froid. Je reçois de nouveau deux lettres de chez nous. Au soir, nous percevons un repas chaud. De 21 h 30 à 22 h 30, je suis de garde.

8 janvier 1945

Le matin, je dors et me réveille tard. Je m'assois près du feu et nettoie mon arme. J'écris une lettre à ma sœur Martha. Après le repas de midi, je monte la garde pour une heure. Un fort vent mêlé, à la neige nous glace le sang. Je suis à peine réchauffé depuis une dizaine de minutes près de notre petit feu que nous vient l'ordre de bouger vers de nouvelles positions à nouveau. Nous refaisons nos paquetages une fois de plus et nous les chargeons sur les camions. Tard dans la soirée, nous arrivons à destination et nous installons à l'orée d'un bois. Nous dormons dans nos camions, aussi j'ai les pieds complètement gelés.

9 janvier 1945

De 5 h 30 à 7 h 30, je monte la garde sur la route qui borde la forêt. Je dois diriger les véhicules de notre batterie vers notre nouvelle position. Mais, pendant les deux heures de ma garde, aucun de nos véhicules ne se manifestera. Je reçois du café bien chaud de la roulante. Toute la matinée, je reste près du feu que nous avons allumé. Après le repas, nous bougeons et, peu de temps après nous sommes à nouveau arrivés. Nos canons doivent se mettre en positions de tir contre les chars et camouflons nos pièces. Je dois installer le télémètre dans plus de 50 cm de neige. Je reste sur la position pendant que le reste des équipages descend au village pour se mettre au chaud. Avec mon Camarade Fröhler, nous sommes de garde. Près des véhicules. Certains essayent de dormir dans les véhicules. Je suis de garde de 23 h à 1 h du matin.

10 janvier 1945

De 5 h à 7 h, je suis de nouveau de garde. Par-dessus nos têtes nous entendons passer avec un hurlement les obus de l'artillerie adverse qui se déverse derrière nos lignes. Les Américains nous mettent la pression. Nous restons dans nos cabines de camions afin de nous réchauffer avec un petit réchaud et dormons un peu. Nous percevons notre petit-déjeuner ainsi que du miel belge du camarade Fröhler. Le Spiess (adjudant de companie) nous dépasse puis revient sur ses pas pour nous demander d'aller installer au village voisin des panneaux indiquant notre proximité. J'y descends avec le camarade Zschammer et nous trouvons dans une étable des bouts de bois capable de faire office de panneaux. Nous prenons notre déjeuner et, après avoir reçu une lettre de mon camarade Möhring de l'hôpital en Thuringe où il se trouve, nous repartons au camion afin de peindre les panneaux de signalisation avec le bois récupéré. Je coupe ensuite une grosse quantité de bois pour le feu. Je reviens à notre bunker et me fais un café. C'est du vrai café avec du sucre et du lait. De 22 h à minuit, je suis de nouveau de garde et je me gèle tellement il fait froid.

11 janvier 1945

Je dors jusqu'à huit heures. Puis je me rends sur nos positions. Le froid est intense. Le ciel est complètement dégagé mais, paradoxalement, aucun avion ennemi ne le traverse. Seul un appareil de reconnaissance de l'artillerie fit une timide apparition pour vite disparaître. Enfin, de grosses formations passent mais, à très haute altitude, trop pour nous, mais les batteries devant et derrière nous s'en donnent à cœur joie pendant une demi-heure. L'artillerie adverse se réveille et envoie plusieurs salves qui toucheront deux fois la même batterie. Nous entendons les cris des blessés. A ce que nous avons su, l'un a eu les deux jambes coupées et un autre un bras et les testicules. Plus tard, l'un des deux sera enterré, ce sera le dernier enterrement classique. A 17 heures, nous quittons nos positions pour rejoindre nos abris doucereusement chauds. Nous buvons un peu de bon café, écrivons des lettres et prenons du repos.

12 janvier 1945

Le matin, je suis de garde de six heures à sept heures. Après le petit-déjeuner, je m'assois un moment dans notre bunker, puis je descends au village et me lave. Ensuite je nettoie mon arme dans le bunker. Après avoir mangé, retour sur nos positions. Je vérifie les appareils de mesure de distance de tir. Je reste sur la position jusqu'en fin d'après-midi, le dos sur le bouclier de protection de la pièce. De 19 heures à 20 heures, je suis de garde, puis j'écris une lettre à mon camarade Möhring à l'hôpital en Thuringe.

13 janvier 1945

Dès 9 heures, je suis sur les positions et y reste toute la journée. Tôt le matin, le ciel est clair et bleu mais il se couvre rapidement. Nous entendons des escadrilles de bombardiers qui volent au-dessus de nous mais sans les voir car ils sont au-dessus des nuages. Je mange quelque chose sous la tente. A cinq heures du soir, je quitte la position. De 18 à 19 heures je suis de garde. Continuellement, les traçantes de nos canons illuminent le ciel. Après ma relève, je m'allonge pour prendre un peu de repos.

14 janvier 1945

Je perçois du café de bonne heure ce matin. Je reste dans le bunker. Dehors il fait un temps magnifique, le ciel est rempli de bombardiers. A 11 heures, je rejoins le village où je me lave et je mange. Pendant une heure j'ai un horrible mal de ventre. Je rentre aux positions et participe aux tirs sur de nombreuses formations qui passent au-dessus de nous. Je tire de nombreuses fois sur un avion de reconnaissance de l'artillerie américaine qui cherche des cibles. Il fait des écarts lorsque nos obus explosent près de lui. L'un de nos officiers tire lui-même plusieurs fois avec un MG 42 sur des chasseurs-bombardiers qui nous survolent à basse altitude. Lors de nos tirs, je suis de fonction au télémètre. Puis le calme revient vers 17 h et nous pouvons aller prendre un peu de repos. De

17 h 30 à 18 h, nous devons retourner à nos positions. Après cela, retour à nouveau dans nos campements pour un peu de sommeil. A 22 h, nous sommes soudain réveillés car nous devons changer de position. Au fur et à mesure que nous quittons nos campements, un violent barrage d'artillerie s'abat sur nous. Alors que nous sommes en train de ranger le télémètre les obus tombent alentour. Un gros semi-chenillé tracte notre MAN pour le faire démarrer au moment où un obus tombe à 30 mètres. Les shrapnells fusent dans tous les sens. Un homme crie. Un des morceaux de fer a traversé le tibia du camarade Venus. Nous le transportons d'abord dans nos campements que nous venions de quitter puis, après la venue du docteur, il est transporté au village pour des soins plus précis. Il y a déjà un blessé léger et un grave à la batterie. Enfin, nous partons vers l'inconnu. Des bruits courent selon lesquels nous serions encerclés !!! Il fait horriblement froid.

15 janvier 1945

Durant la nuit, à 2 heures du matin, nous stoppons dans un bois. J'ai furieusement froid aux pieds et enlève mes chaussures. Lorsque nous devons mettre nos armes en position, je suis incapable de remettre mes chaussures car mes pieds ont gonflé et mes chaussures ont gelé et sont dures comme du roc !!! Au cours de la matinée, je tente de les enfiler à nouveau et y parviens avec difficulté, je cours dans le campement pour tenter de redonner de la vie à mes pieds. Nous recevons les ordres de prendre nos pelles et de construire des abris. Avec mon camarade Voss, nous attendons les rations. Nous percevons celles-ci ainsi qu'un sac rempli de pains. Nous rejoignons nos camarades avec ce ravitaillement. Ceux-ci sont trois kilomètres plus loin. Dans la forêt, les abris nous attendent avec leur chaleur. Je me glisse à l'intérieur de l'un de ces bunkers. Nous sommes bien réchauffés lorsque le chef de la 1re Batterie apparaît pour nous prévenir d'un nouveau changement de position. Le MAN revient et nous y chargeons le télémètre en le protégeant. Puis nous entrons dans un autre abri. En soirée nous percevons un repas et du café. Je me couche. Il faisait chaud dans notre campement. Le MAN est conduit aux services d'entretien pour quelques réparations suite aux éclats d'obus. Nous espérons que rien ne se passera car, sans véhicule et sans télémètre, nous sommes aveugles. Heureusement, rien ne se passe.

16 janvier 1945

De quatre heures à six heures, je suis de garde. Puis je dors assez longtemps. Jusqu'au soir, je reste dans notre Bunker. Nos engins de Flak ont été conduits plus en avant afin de servir d'antichar en temps que Groupe tactique (Kampfgruppe). Après le petit-déjeuner, nous percevons nos rations de « fer » ainsi que des cigarettes comme « douceurs ». Je donne les miennes à mon camarade Kemker. Notre camarade « papa » Stüber reçoit un violon de la part des hommes de la pièce « Dora », le 4e canon de la batterie. Il en joue et nous chantons pour l'accompagner. J'ai récupéré l'accordéon de la batterie légère et l'Oberscharführer Göllner en joue aussi. Nous chanterons toute la nuit. Les canons reviennent des premières lignes. Une rumeur court, nous devrions rejoindre la Patrie pour y être rééquipés et renforcés en hommes. Nous nous couchons.

17 janvier 1945

A 6 heures, alors qu'il fait encore nuit, l'ordre arrive de partir. Nous sommes habitués et sommes vite prêts. Déjà autour de trois kilomètres, nous sommes sur nos nouvelles positions. Le temps est brumeux, nuageux à souhait. Nous construisons à nouveau nos nouvelles positions, pour nous et pour nos armes, télémètre compris. Puis je me rends avec Kemker et Voss dans le village proche. Il fait déjà sombre. Nous avons de quoi manger et boire (café). Des obus d'artillerie tombent ça et là. Nous regagnons nos quartiers et dormons.

18 janvier 1945

Pendant la nuit, à 0 h 30, tous les chefs de groupe sont appelés auprès du Chef de Batterie dans le village. Nous en parlons et prévoyons un possible nouveau changement de position. Mais lorsque ceux-ci reviennent c'est pour nous apprendre qu'il faut fournir 20 hommes pour servir en tant que fantassins en première ligne. Le groupe de télémétrie presqu'entier est de la partie ainsi que des membres des transmissions et des jeunes recrues du dernier contingent. Les 20 hommes attendent longtemps après les camions qui doivent les conduire et, enfin, à 5 heures, ceux-ci sont là. Je suis de garde de 4 h à 5 h. Au matin, je reste dans le bunker jusqu'à dix heures. Puis je m'occupe du télémètre. Le ciel est gris, plafond bas et brumeux. Je reste dans mon quartier et réchauffe mes pieds à la chaleur du poêle. Dans l'après-midi, nous sentons nos estomacs qui crient famine. Après dîner, nous sommes au village où nous nous lavons et sommes coiffés et rasés. J'écris deux lettres de plus. Puis nous regagnons nos quartiers. Le vent monte. Nous buvons une soupe délicieuse puis le vent monte en tempête.

19 janvier 1945

Le matin, je coupe du bois pour le feu. La tempête s'est calmée. Dans l'après-midi, nous percevons du ravitaillement et en plus bien chaud. Nous sommes bien au chaud dans nos tentes. A 17 heures, de nouveau une bonne soupe chaude. Malgré tout, la faim est encore là. A 19 h, nous dormons. De 23 h 30 à 1 h, je suis de garde.

20 janvier 1945

Lorsque le temps se découvre au matin nous devons regagner nos positions. Durant la nuit, la neige a tout recouvert. Nous devons dégager nos positions ainsi que les routes pour que les camions puissent nous joindre mais ceux-ci le font sans que nous ayons besoin de terminer le travail. Après avoir mangé sobrement, nous parcourons le village. Je m'y lave et récupère encore du savon et du cirage pour mes chaussures. Nous regagnons notre campement et mangeons une soupe de riz. Le camion de ravitaillement n'est pas arrivé, j'ai l'estomac qui me travaille, de faim. A 22 heures, juste au moment où je me préparais pour mon tour de garde, nous recevons l'ordre de partir. A travers la neige, je rejoins la position pour y démonter le télémètre. Par endroit, la neige est épaisse de 80 centimètres !!! Le poids de celui-ci m'est pénible dans cette hauteur de neige.

21 janvier 1945

A 00 h 30, tout est prêt et nous avons le droit de nous reposer un peu. Cela nous console car nous pensions nous geler dans les camions. Au petit matin, nous devons nettoyer la route qui nous mène au village voisin. Les cuisines roulantes y sont. Le camarade Pargmann, qui faisait partie du groupe de 20 hommes requis pour la première ligne, nous relate la perte de deux autres camarades : Fröhler tué deux jours auparavant et Biemann blessé. Lui-même a eu les pieds gelés et doit être évacué. Fröhler était aspirant sous-officier et devait suivre une école pour gradé, il avait 18 ans.

Je touche du ravitaillement et rentre au campement. Celui-ci est gelé et je dois le débiter et le réchauffer pour le manger. Dans la soirée, je reviens au village pour percevoir un peu de café. Une vache, que nos cuisiniers avaient requise pour nous, tente de s'échapper. Je suis le seul en mesure de la poursuivre et, tant bien que mal, j'arrive à la ramener aux cuisiniers. La neige étant épaisse, cela a facilité ma poursuite et la capture de la bête. Je reçois en remerciement des saucisses de la part des cuistots. Je ramène aussi du café chaud à notre campement. Nous coupons le pain en fines tranches. A la fin, notre estomac est tranquille mais pour combien de temps ? Le tabac perçu hier a déjà été fumé. De 20 h à 21h30, je suis de garde. Puis je reste assis dans notre campement jusqu'à 22 h 30 avec le Spiess Rothweiler, nous racontant des histoires. Puis je vais dormir.

22 janvier 1945

Au petit matin, je vais aux cuisines avec le camarade Kemker pour peler des pommes de terre. Je suis à nouveau de corvée dans l'après-midi et je récupère encore quelques patates chez un villageois. Je reçois du sucre des cuisines. Dans l'après-midi, je rejoins notre campement, mes camarades ont trouvé de la viande et, en la faisant bouillir, cela nous remplira l'estomac et nous fera également une bonne soupe. Nous nous sentons bien. Puis nous vient l'ordre de changer de position. Notre MAN étant requis, nous devons attendre deux heures après lui. Finalement, avant la nuit, celui-ci arrive. Le chargement de l'équipement se passe bien et vite, nous traversons un petit village où nous percevons une soupe de riz qui a le goût de pétrole et nombre d'entre nous jetons ce poison. Deux camions vont dans le fossé. Je monte la garde jusqu'à 1 h 40. Pour l'heure, il est quatre heures du matin. Les Russes sont censés être dans Oppeln (au sud-est de Breslau). Des camarades qui nous suivent, nous apprenons qu'un bombardement leur est tombé dessus touchant plusieurs véhicules. Nous sommes une fois de plus partis à temps. Notre moral est assez bas.

23 janvier 1945

A huit heures, nous devons à nouveau partir. Nous camouflons nos véhicules. Les obus tombent à proximité. A 10 h, je bois du café. Je me réchauffe dans une maison. Celle-ci est bientôt pleine de soldats cherchant un refuge et de la chaleur. Je mange puis je pèle des pommes de terre pour la cuisine. A 17 h, de nouveau de la soupe. Notre véhicule est mentionné avoir eu des problèmes techniques sur la route. Je me couche.

24 janvier 1945

Je me lève à 5 heures. Le MAN ne veut plus démarrer et le camion des cuisiniers finit par le tracter pour le faire démarrer. La route est fort encombrée et nous avançons mètre par mètre. Le groupe de ceux utilisés en tant que fantassins nous croise et nous apprenons la mort du camarade Wieland et que le camarade Fross a descendu deux avions avec sa mitrailleuse. Nous stoppons dans le village où le camarade Fonk habite. Celui-ci habite Eupen-Malmédy et déserte l'unité un temps pour se rendre chez lui. L'officier de la Batterie se rend chez ses parents qui prétendent qu'il a rejoint son unité voilà trois jours. Malheureusement, l'Ustuf cherche Fonk et le trouve caché derrière un tas de pomme de terre et déjà en habit civil. Il lui intime l'ordre de reprendre son uniforme et le ramène à l'unité. Il a beaucoup de chance que cela en reste là. Nous restons là un bon moment. Les cuisines ne nous font que de la soupe, délicieuse au demeurant, et nous saluons l'arrivée de ravitaillement. Aussitôt, les cuistots cessent de faire de la soupe. Nous bougeons à nouveau et le repas nous passe sous le nez. Non seulement nous avons faim mais nous grelottons.

25 janvier 1945

Au matin, il fait un froid de canard, il gèle même. Mes pieds étant glacés, je me glisse dans un endroit chaud pour les réchauffer. Mon camarade Fross me raconte comment il a abattu deux avions avec sa mitrailleuse ainsi que ses actions comme fantassin. En fait, il a abattu un avion qui en a percuté un deuxième, les deux se crachant au sol. Malheureusement, il n'a pas pu faire authentifier ses deux victoires. Puis il enlève ses chaussures et me montre ses pieds gelés, une horreur. La chair noircie pend sur les os. Dans l'après-midi, il sera transporté à l'hôpital. A midi, nous mangeons mais, peu de temps après, je sens des choses bizarres dans mon ventre et je suis pris de violentes diarrhées. Je ne mange plus rien de chaud et me contente de plats froids et de douceurs tels que chocolat, cake etc.. Mais je me trémousse et, toutes les demi-heures, je vais aux toilettes (latrines).

26 janvier 1945

De minuit à 2 h, je suis tout de même de garde. Mes intestins ne vont pas mieux. Dans la matinée, je me plains et, peu de temps après, le docteur arrive. Il me donne deux cuillères à soupe d'huile de castor !!! Dans l'après-midi, je mange et je me repose. Nous percevons des vêtements d'hiver. Dans la soirée, nous devrions bouger mais nous ne le pouvons pas faute de carburant et celui-ci n'arrive pas. Je m'endors. L'unité à côté de nous bouge. Nous restons dans notre cabine, nous tenant bien chaud. Quatre d'entre nous dorment. Pendant la nuit, le grand silence puis petit à petit, l'artillerie adverse se réveille et les impacts se rapprochent.

27 janvier 1945

Dans la matinée, il ne se passe rien de particulier. Mes intestins ont l'air de se calmer. Je mange normalement. Je chauffe de l'eau et me lave puis je me rase. Mon quart est rempli de nourriture, une soupe aux pois et avec de la viande. Pour dîner, il y aura des carottes. Nous devons sortir pour pousser un véhicule qui devait aller s'approvisionner en essence. J'écris quelques lettres et je dors. A 23 h, soudain, nous devons nous rendre dans une grande baraque équipée en tenue d'hiver. Le commandant de la Batterie nous informe que, cette nuit, le front s'est disloqué et que l'ennemi est à 1500 mètres de nos positions. Nous devons préparer nos véhicules pour un repli rapide. Egalement, nous devons être prêts à un combat défensif s'il le fallait.

28 janvier 1945

A deux heures, nous sommes prêts. Je somnole en attendant les ordres. Dans la matinée, je nettoie mon arme et je rassemble les affaires dans notre camion MAN. Je mange. Puis je fais un petit feu de bois pour me réchauffer. Soudain, l'ordre arrive de changer de position. De nouveau, le MAN ne veut plus démarrer. Nous le poussons longtemps avant qu'il ne veuille démarrer grâce à un tracteur d'artillerie qui le tire. Avec le camarade Hauser, nous remplissons des bidons d'huile de moteur. Nous roulons avec le camion de réparation. La route est bondée. Nous stoppons à un moment car un tracteur d'artillerie a une avarie sérieuse et bloque la route. Je vais à pied au village suivant. Là, je rencontre notre Unterscharführer Pudenz. Je rentre dans une maison et m'assieds pour me reposer. Tout autour des obus tombent. Finalement les véhicules ont été dégagés et arrivent, nous permettant de quitter ce lieu peu hospitalier. Durant le trajet, l'un des conducteurs me donne du Schnapps. Dehors, une tempête glacée de neige tourbillonne. Embrumé par l'alcool, je supporte le trajet car les obus tombent çà et là autour de nous pendant la route. Enfin, le silence revient. Cela sera notre dernier contact avec l'ennemi lors de l'offensive des Ardennes. Durant la nuit nous retraversons la frontière allemande à Winterspelt-Prunsfeld.

Le 16 février 1945, la 2e Batterie de la SS-Flak-Abteilung 9 « Hohenstaufen » sera chargée sur un train à Lahn et après un voyage en voie ferrée de six jours, sera déchargée à Györ (Raab) sur le Danube en Hongrie. »

Achevé d'imprimer sur les presses d'EDIPRO, 92 Levallois-Perret, le 21 juin 2012 pour le compte des Editions Heimdal, Georges Bernage, éditeur, © Heimdal 2012